河街道历史文化

民间文学集成

本册编著　应朝雄　胡繁甫

主　编　胡繁甫

浙江大学出版社
ZHEJIANG UNIVERSITY PRESS

亭趾　博陆　五杭

《运河街道历史文化》编纂委员会

主　任　陈　杭

副主任　郎佳宁　王康权

委　员　沈忠英　陆建荣　杨加栋　董大兴

　　　　王哲鸣　张国强　郭丽萍　王晓龙

　　　　张　宇　李　博　梁　渊　沈国兴

《运河街道历史文化》编纂人员

主　编　胡繁甫

副主编　商　赟　胡　娟

编　辑　吕伟刚　应朝雄　丰国需　宋佐民

序 言

运河街道历史悠久，文化底蕴深厚。其历史可上溯至春秋时期，传说大禹治水曾经到过此地。古属吴越之地，充盈着越风吴韵。隋代大运河开通后，农桑兴旺。至宋端拱元年（988），临平山南置临平镇后，四处商贾云集，商贸兴盛。山北亭趾、博陆、五杭三集镇亦逐渐繁荣。至元末张士诚发军民开挖运河新河道后得以快速发展。因此，运河街道因世界文化遗产京杭大运河而生，又以运河为名，是运河这条母亲河孕育了这块土地灿烂的历史文化。

运河这块神奇的土地，人杰地灵，人文荟萃。南朝时，著名文学家、史学家沈约曾迁居博陆。而最为著名的历史人物当属明代博陆人钟化民和清代五杭人沈近思。钟化民被《明史》称为"不要官、不要命、不要钱"的清官，沈近思在《清史》中被誉为"操比寒潭洁，心同秋月明"的循吏，还有近代亭趾人姚虞琴，为著名书画家、鉴赏家。他们成为历史上运河人的荣耀。

中华人民共和国成立以后，境内设亭趾、博陆、五杭3乡。20世纪80年代中期，三乡又先后撤乡设镇。2001年8月，三镇合并设立运河镇。地方经济日益繁荣，社会发展日新月异。其间，先后被评为全国千强乡镇、浙江省农业农村现代化工作先进乡镇、浙江省教育强镇、浙江省体育强镇、浙江省东海文化明珠乡镇等。2011年8月，撤销运河镇设立运河街道。近年来，街道党工委以习近平新时代中国特色社会主义思想为指导，按照区委、区政府的决策部署，进一步完善基础设施、优化人居环境、提升服务功能、强化长效管理，全力打造"城乡融合发展示范地、运河特色文化展示区、杭城北部后花园"，高质量融入长三角一体化发展新格局。成功创建杭州市生态文明街道、浙江省卫生街道、浙江省"五水共治"工作先进集体、浙江省小城镇环境综合整治行动省级样板、浙江省美丽乡村示范街道和浙江省森林城镇，五杭集镇成功创建3A级旅游景区。

"盛世修志，志载盛世。"为了传承和彰显传统文化，便于社会各界全面了解运河街道，2019年，街道党工委和办事处决定在组织编写《运河街道志》的同时，编写《运河街道历史文化》。在编写人员的辛勤努力下，仅仅用了2年半时间，就完成了此书的写作。书共分四册，分别为《运河街道史话》《运河街道风情》《运河街道风俗》和《运河街道民间文学集成》。此书以历史事实为依据，采用大量的自然、政治、经济、人文等方面的史料，收集境内世代流转的民间传说、故事和歌谣，以散文、故事的形式创作而成。可以说此书是第一次对运河街道的人文历史、乡土风情、民间文学进行全方位、多视角的记叙，知识性、故事性、可读性强，不仅是一套史料翔实的地方文史资料，更是一本内容丰富的乡土教材。此书的出版，对推进街道的文化建设具有十分重要的意义，也为后人留下了一份宝贵的历史文化遗产，利在当代，功在千秋。

书得以顺利付梓，是编写人员严谨细致、勤勉工作的结果，在此，我要向他们表示衷心感谢。同时也希望此书能为广大读者所喜欢、所利用，更好地发挥其存世、育人、资政的作用。更希望运河街道的各界人士在阅读后，能更加深入地了解街道的历史与现状，热爱家乡，为家乡的改革开放、经济建设、社会发展，为运河街道在"东部崛起"中再谱新篇章，作出新的更大贡献。

是为序。

中共运河街道工委书记 陈杭

2022年7月18日

前　言

　　余杭区运河街道因世界文化遗产京杭运河而生，又以运河为名。境内流水潺潺，春风十里江南路，为昔人所乐道。

　　"运河"作为镇、街道之名历史虽短，然境域原三乡镇亭趾、博陆、五杭之名则历史悠久。亭趾，《临平记》卷三载："永安村改名亭子村。"据传，宋时有异僧募资建亭，中设大士像，颇灵，而村以亭子名，后为同音之"亭趾"。博陆，清光绪《唐栖志》载："博陆村创于宋，毁于元，复兴于明。"又载有"北陆埠"，后传讹为"博陆"，宋代称博陆里。五杭，史称禹杭村，传说大禹治水曾到过这里，后讹为"五杭"。此外，博陆、五杭在南宋咸淳《临安志》中已见其名，清光绪《唐栖志》中亦有记载。

　　境内地域分布于京杭大运河流域，属水网平原，河港交错，湖泊棋布，平畴一片。汤汤运河，水乡泽国文化，孕育了这块土地丰富的历史文化底蕴。特别是在漫漫的历史长河中，勤劳聪慧的底层人民群众用口头语言创作和传播了大量民间文学作品，主要包括民间传说、民间故事、民间歌谣、宝卷等。这些作品，在不断的传唱或讲述过程中，经过无数具有优秀才能和丰富经验的唱述者的加工、琢磨，使得这些作品散发出浓郁清香的泥土气息，更像一颗颗珍珠闪闪发光。但也毋庸讳言，民间文学历来不太为人们所重视，大家总认为民间文学作品难登大雅之堂。特别是在20世纪60年代，说唱民间故事和歌谣被说成"散布封资修毒素"而受到批判、打击。民间文学的创作与传播处于停滞状态，常常出现人亡歌断的现象。

　　进入20世纪80年代，民间文学工作得到重视。为抢救与挖掘民间文学，摸清民间文学家底，1986年，全国开展民间文学普查工作，余杭县被列入全省试点工作县。境内亭趾、博陆、五杭三个文化站的工作人员，不辞辛劳，走村入户，采访民间讲唱者，记录了许多民间传说、故事和歌谣，当年参与民间文学普查工作的主要有王雷、徐建民、沈景根、胡繁甫等。通过普查发现了宋彩堂、朱宽永、黄松法、徐芳仙等一批优秀传承者和相当数量的民间传说、故事和歌谣。当时采录的部分作品后来被选入《中国民间文学集成浙江省余杭卷》，但仍有许多作品未被收录而散落在外。

2018年7月，运河街道启动编写《运河街道志》，同时组织编写《运河街道历史文化》丛书，其中一册为民间文学集。我们在参与编写《运河街道志》的同时，还承担了《运河街道民间文学集成》的编著工作，深感责任重大。为此，不敢有丝毫懈怠，竭尽所能，研读先前收集的相关文字，走访尚健在讲唱者，对文本重新进行编写、编排，力求出版一本质量上乘的民间文学集成。

在编著过程中，我们遵循"忠实记录，保持原貌"的原则。我们认为，对于民间的艺术作品，就其"文本"而言，必须尽力保持其原始形态，原汁原味地加以记录整理，不然就有掺假和伪造之嫌，并失去它的历史价值。当然民间文学作品除了口头性、集体性和传承性等特点外，还有一个立体性，即它的流传、演唱的背景，也就是它在社会生活中所发挥的功能，其中包括它的历史积淀等。所以在记录"文本"的同时，我们对流传、演唱状况的描述和一些乡土语言作了一些必要的注释和说明。

在编著过程中，我们十分注意把握特征，合理分类。全书分为民间传说、民间故事、民间歌谣、宝卷四大类别，按照每个文本的内容特征分别归入相应类别。同时在各个类再按照不同主题进行再分类，例如民间传说这一类别，就细分为境内古老地名来历传说和有关历史人物传说两个小类别；民间故事这一类别，则分为人物故事、公案故事、生活故事三大块；歌谣这一类别则以叙事情歌、历史传说歌、生活歌、时政歌和儿歌为线索进行归类排列；宝卷这一类别按照劝世类和传说类两个类别进行排列。通过合理归类，科学排列，力求做到全书脉络清晰，浑然一体。

"民间文学"贵在"民间"两字，无论是传说故事还是歌谣宝卷，文本的语言质朴，读起来朗朗上口。群众在口诵口唱时，常常即兴创作，信手拈来，随口而出，充满生活气息，因此为广大人民群众喜闻乐见，这就是它具有顽强生命力，并能够久远传承的魅力。但是，在当今时代，随着生活节奏的加快和人们生活情趣的转移，早年流传在境内的民间文学作品面临失传的可能。为使这些珍贵的民间文学作品不在我们这一代人手中湮没，今天，我们将这一颗颗散落的珍珠捡拾起来，拂去岁月的灰尘，将它们串联成一条珍珠项链，重新熠熠生辉，并将其呈现于今世，传承于后代。我们深感能编著这一本民间文学集成，无疑是一件非常有意义和有价值的事情。

目　录

一、民间传说

二、民间故事

三、民间歌谣

情歌

四、宝　　卷

民间传说

　　传说是由神话演变而来具有一定历史性的故事的名称，其主要内容是有关某地、某人、某事的一整套传闻。在文字尚未发明的时代，人们要对历史做记录，只能利用口耳相传的方式，这就是传说的由来。因为有些传说的事件发生在年代久远的遥远过去，所以其真实性往往难以考证；有的则因为代代辗转相传，在内容上发生了较大变异；而有的传说则有可能是虚构的。

　　境内流传的民间传说内容十分丰富。流传较多的第一类是有关境内古老地名来历的传说，其中最有代表性的是关于五杭和亭趾这两个古老集镇地名来历的传说。五杭地名传说与夏朝大禹有关，传说大禹治水曾路过这里并在此宿夜，故名"禹航"，后讹传为"五杭"。亭趾地名起于宋代，与宋时有异僧在此募资建亭和人们诚实守信相关。此外，境内百姓对自己居住的村庄和河流名称的来历也有许多津津乐道的传说，其中不少与神仙和历史人物的传说相关。第二类是有关历史人物的传说。其中流传最广的是本地一个名叫胡丰的大力士变成"阿太菩萨"的传说，至今境内还有供奉"阿太菩萨"的庙堂，祈祷"阿太菩萨"给百姓带来风调雨顺，生活安康。此外，境内还流传姜子牙、孔子、乾隆皇帝等历史人物的传说，百姓通过丰富想象，经过不断加工，对这些历史人物进行神化，表达了人民对善良、信义等信仰价值的认同。第三类是有关本地清明、立夏、春节等节气习俗和婚娶、丧葬等风俗习惯来源的传说。人们将这些风俗习惯与历史事件、历史人物联系起来，从而不断增强对这些风俗习惯的认可度，使这些风俗习惯得以流传至今。

　　尽管民间传说的真实性存疑，且又无法进行考证，但这些民间传说却是劳动人民智慧的结晶和本土民间文化的精华之一。人们通过阅读这些传说，能进一步了解当地的风土人情及其历史渊源。因此，传说作为民间文学的一个种类，不仅具有百姓喜闻乐见的文学价值，更具有反映境域变迁的一定的历史价值。

大禹治水与五杭的来历

相传大禹治水南下，沿江乘船来到江南一个无名小墩。这个小墩野草丛生，十分荒凉，墩上没有人家，只有几只抲鱼的小船有时在那里歇夜。大禹到这个小墩上的辰光，已是黄昏头了。伊①便把航船靠近小墩，歇了一夜，第二天又动身南下。

后来，小墩边几只抲鱼的小船，晓得大禹治水的航船到过这里，还歇过一夜，就认为这个小墩是块风水宝地。消息传了出去，许多人家搬到小墩上来居住。后来，人们为了纪念大禹治水曾到过这里，便把这个小墩取名禹航村。

后来，有人认为它离杭州近，"航"与"杭"同音，又将村名改为禹杭村。

再后来，有人认为禹杭村四周有五条河港，分别是斜弓港、禾丰港、风波港和另外两条不知名的河港。还有，运河也从这里经过，南到杭州，北到北京。因此，后来又将禹杭村定名为五杭村②。

①伊：本地方言，即指"他"。

②《杭县志稿》：大禹王庙在五杭村，相传禹王巡会，舟舣于此，乃渡江焉。本名禹航，讹为五杭。

讲述者：俞荣根，原五杭乡唐公村农民。

亭趾村的来历

现在运河街道有个亭趾村。据说，宋代有个和尚在亭趾的南桥西面建了一个亭子，来来往往的客商常常把东西或包袱放在亭子里的地上，只要划个圈子，不用人看管，等你办完事情，再回到亭子取东西，东西一样也不会少。于是，这个亭子的名气越传越开，来到这里居住的人家也越来越多，慢慢就形成了一个村坊。刚开始时，这个村坊的名字就叫"亭子村"。不知什么时候写成了同音的"亭趾村"，后来，亭趾这个名字也就一直叫到现在。

讲述者：许建章，原亭趾乡褚家坝村农民。

亭趾龙潭里的来历

亭趾大来桥的东北面，同"涡泗河"①搭界的地方，原来有一块没有地名的十多亩土地。传说，从前有一个农民在地里做生活，忽然发现地旁边的河里泛起一片"泡泡"，形状像鳝泡②，却有"龙筛"③那么大，而且泡泡又都集中在河的深潭处。有人说这是龙吐的泡泡，所以，这个深潭就是龙潭，因此，河边的那块无名的土地也就叫做"龙潭里"了，龙潭里这个地名一直叫到现在。

①涡泗河："涡河"是方言，"下河"的意思。亭趾南面临平的河流称"上河"，因亭趾在临平以北，所以河流称"下河"；"下"当地读"涡"的土音，"水"当地读"泗"的土音。因此"涡泗河"是指"下水河"。

②鳝泡：指鳝鱼吐的泡泡。

③龙筛：这里是指龙吐的泡泡，像筛子一样大。

讲述者：刘富根，原亭趾乡大来桥村农民。

十八汰涡泗河的来历

亭趾大来桥北面有"十八汰涡泗河"①，相传是阿太菩萨撬出来的。

阿太菩萨是他死后的神名，而他在世时的名字叫胡阿大。阿大从小就死去父母，是个无依无靠的孤儿，从小被寄养在大来桥的娘舅家。娘舅家虽然很富裕，可是待阿大却十分刻薄，阿大吃了不少苦。家住附近乾元乡东洋门的姑妈实在看不下去，便将阿大接去抚养。姑妈家境贫寒，阿大饭量又大，所以等阿大长到十一二岁时，就去帮人家做些小零工。几年过去，阿大不仅长得身材魁梧，更有一身好力气。

阿大娘舅得知这个消息后，好说歹说，硬把阿大带回到自己家，嘴上还说："亲勿亲，还是娘舅最亲。"娘舅还答应再过几年给阿大讨个老婆成个家。从此，阿大就成了娘舅家的长工了。

一年春天，胡阿大摇船来到涡泗河给桑树地捻河泥，看看天气暖洋洋，他就上岸躺在桑树地上睡觉晒太阳。直到中午，舅母满怀喜悦地来到田头送午饭，看到河泥一点也没有捻，外甥却在地里睏大觉，不禁气呼呼地说："你这样睏懒觉，一个上午没有做生活，介许多桑树地的河泥啥辰光能捻好呀，叫你娘舅晓得了，又要骂你了。"阿大笑着回答："捻这点河泥有啥了勿起，等到夜快边②，我一定把河泥捻得大桑树没了腰，小桑树没了头。"舅母哼了一声就回去了。

等舅母一走，阿大吃好中饭，立起身走到河边，抓起小船用力一折，将船分成二段，半只船踩在脚下当船，另外半只船当作泥撬，用力向水中一撬，将撬上来满满半船淤泥倒入桑地。到夜快边时，娘舅和舅母都过来看阿大是不是吹牛皮，他们来到地边，见桑树地里的河泥果然是大桑树没了腰，小桑树没了头，他们十分惊奇。再仔细一看，桑地边的河滩下，已被撬出好多汰小河港，一数居然十八汰小河港。以后，人们就把这十八汰小河港称为"十八条下水河"，用当地土话来说，就叫"十八汰涡泗河"。于是"十八汰涡泗河"的传说也就在亭趾一带流传开来了。

①十八汰涡泗河：土话，"汰"是"条"的意思，这里是指"十八条下水河"。
②夜快边：土话，傍晚的意思。

讲述者：姚美法，原亭趾乡大来桥村农民。

化坛寺的阿太菩萨

相传在明朝期间，农历八月十一日，博陆河北埭诞生了一个小男孩，取名胡丰。这个小孩长得个子高、饭量大、力气大。平时不爱住在家中，老喜欢住在亭子刘家道地的舅舅家。舅舅家东面有条河，河上有座平板石桥，桥东堍有个私塾学堂，先生教书认真，时间长了，桥也叫成先生桥。胡丰被舅舅送到私塾学堂读书，但胡丰不是读书的料，顽皮加上不用功，常常因背不出书而遭先生罚打手心板。有一次，胡丰又被先生罚打手心板，还被先生骂了一顿，他牛脾气上来，拎起书包跑出学堂，站在先生桥上气呼呼地说："我永世不过先生桥。"

胡丰少年时虽然不爱读书，但性格直率，胸怀坦荡，亭子一带的人都喜欢与他交朋友。他与伙伴同甘共苦，还常常帮助困难人家干活。娘舅虽把他看成小孩，但农活忙不过来时，也让胡丰帮忙。

有个冬天的早上，娘舅出门有事，嘱咐胡丰去亭趾北面的涡泗河给河边的自家桑树地捻些河泥。胡丰摇船来到涡泗河旁的桑树地，看看天气暖洋洋，就上岸躺在桑树地里睡觉晒太阳。直到中午，舅母满怀喜悦地来送饭，惊讶地看到外甥仰面朝天晒肚皮，桑树地里不见一点河泥，按捺不住怒气训斥道："你一个上午没做生活，等你娘舅夜快边回来肯定要火冒三丈。"胡丰听了大笑说："等一歇我把河泥捻到大桑树没腰，小桑树没梢，娘舅开心都来不及还会骂我？"

等舅母一走，胡丰立起身走到河边，抓起木船用力一折，将船分成二段，一半踩在脚下当船，另一半只船当作泥撬，用力向水中一撬，撬上了满满半船淤泥倒入桑树地，由于力气大过头，将河滩撬破成了一条小河港。胡丰管不得这些，继续一撬接一撬，撬了十八撬，撬撬挖出一条河。桑树地上淤泥，果然大桑树没腰，小桑树没梢。原来的一条大涡泗河二旁也多出了十八条小涡泗河，直到现在的亭趾还是有十八条涡泗河之说。

挖出十八条涡泗河之后，胡丰成了有名的大力士。胡丰待到青年时，已是虎背熊腰，力大无穷了。

有一天，他出门游玩，来到富阳。看到有人在富春江的堤岸旁夯桩保堤，打桩人用大榔头奋力敲击木桩，敲得袒胸露背，挥汗如雨，没敲几下就气喘吁吁，而木桩只陷下去一点点。胡丰开始冷眼旁观，后来仰天大笑，接着就走上前去用脚在木桩上一踏，木桩"蹶"的一下就陷入泥中。民工们目瞪口呆，东家可开心了，就请胡丰来做工，给双倍工钱。民工们听了却不乐意了，这样下去我们没活干了，怎么养家糊口呢？就要想办法弄死胡丰。有一天，民工做了一个暗桩，下面是空的，胡丰不知内情用力一踏，踩了个空没站稳，就掉进江里被淹死了。奇怪的是，胡丰的尸体却逆流而上，一直漂到了新安江。杭州知府知悉，就对胡丰尸体说："你若显灵，尸体臭三天、香三天，定做尊菩萨供奉也。"果然，胡丰的尸体臭了三天又香了三天。民工知道这是一个圣人，就将其香肉哄抢回家供奉，以表赎罪。

等到博陆本家知道这件事后，连忙赶去，已不见了胡丰尸体，只寻到一个脚趾头。无奈之下，只得把脚趾头用船载回。当船到亭子的塘河时，忽然天空乌云密布，风狂浪涌，船只不能前进，船工只好将载脚趾的船停在亭子村旁边。等风平浪静后，船仍不能向前进，即使用力硬撑，船头反而向下潜入水，不肯前行。本家人恍然大悟，说："胡丰要葬在此地。"于是他们上岸看风水地，有人告诉胡氏家族，塘河西面有块地，地上有块石板，冬天落雪石板不积雪，是块热地。听了此言后，他们就上呈杭州知府，在这块宝地上造了一座寺庙，叫"化坛寺"，做了一尊菩萨，将胡丰脚趾头放在菩萨内，并封为"胡公大帝"，而且将装脚趾的船停泊的地名由"亭子"改成"亭趾"。

传说刘家道地和附近的褚家坝村村民们把胡公大帝的尊像搬到化坛寺中安装时，安装人员花了九牛二虎之力，搞得满头大汗，总是不能平稳工整安装好佛像。安装的村民气呼呼地脱口而出："你真是个前世阿太。"此话刚出口，胡公大帝佛像当即落榫。所以，人们认为胡公大帝不喜欢这个神名，喜欢大家叫"阿太菩萨"。所以，后来人们就称胡公大帝为"阿太菩萨"了。

阿太菩萨在化坛寺被供奉后，每逢农历八月十一日，亭趾、博陆一带的善男信女都会聚集化坛寺，叩拜诵经，求得万事如意，全家平安。特别是当大旱之年，人们要祈神求雨，都会将阿太菩萨抬出来迎会，请阿太菩萨祈求降雨。每次在迎会时，阿太菩萨都会满头大汗，人们认为阿太菩萨在祈雨作法过程中尽心尽力地帮助人们祈雨。

当地还传说，第一次迎会时，村民将阿太菩萨抬着过"先生桥"时佛像非常沉重，抬佛像的人无论怎么用力也无法走上桥的台阶，于是只得把佛像停在"先生桥"的西塊，想歇息一会儿再抬。奇怪的是，佛像一落地马上就跟地粘在一起了，大家用尽力气，无论如何也抬不起来。这时有个村民想起胡丰小时候读书时常遭先生责罚，曾说过"永世不过先生桥"的话。于是这位村民说："阿太菩萨不肯过先生桥！"接着又对阿太菩萨说："我们不过先生桥。"话音刚落，阿太菩萨就能抬起来了。从此，凡是抬阿太菩萨迎会，都不过先生桥。迎会路线从刘家道地北面的余庆桥落北过东，再从日晖桥上南到达亭趾闹市中心，一代传一代，代代如此。

讲述者：许建章，原亭趾乡褚家坝村农民。

亭趾报恩桥、报恩寺、官井头的传说

　　说起亭趾，清朝时期就是一个比较富裕的集镇，那时亭趾有九车（榨油作坊）、十三当（典当铺）、三十二条弄，整个街面有三里多长。当时，离亭趾不远的桐乡有个贪官，仗着姐夫是杭州府台大人，不仅在家乡横行不法，还经常到亭趾来骚扰百姓。想不到后来竟被姐夫提升为杭州兵马总督。这一日，他带了几名心腹赴杭上任，路过亭趾，天色已晚，只好在亭趾北桥一家客店过夜。这家伙一进店就吹胡子瞪眼，拍着桌子让店小二拿上好酒好菜，稍不如意就臭骂店小二，吓得店小二面如土色，两脚颤抖。有胆大的上前评理，可这贪官凭自己是杭州府台的舅佬，非但不认错，还劈脸一个巴掌打向评理人，身后的随从也仗势上来拳打脚踢。大家见状义愤填膺，纷纷拔拳相助，其中有一姓马的壮士，盛怒之下失手将贪官打死。几个随从见势不妙，连滚带爬，抱头逃窜。后来，大家将尸体抬至北桥旁的车弄里，扔进一口井里，并用染坊压布用的石元宝丢入井内压住尸体。再说那几个家将逃到杭州后，向府台大人哭诉了经过。那府台听后大怒，发誓要血洗亭趾，为妻舅报仇。并命昭庆寺 100 个和尚为他妻舅做三日道场，决定第四日发兵亭趾。为防止消息泄露，下令紧闭城门，三日内人员只许进不许出。

　　再说那昭庆寺里有一个小和尚，他是亭趾人，亭趾长桥寺的大和尚还是他师伯。为了拯救亭趾百姓，他连夜从城门下的阴沟里爬了出来，去亭趾报信。当走到亭趾南面的南栅口村时，一条宽河横在眼前，晚间又无渡船，情况紧急，容不得拖延，小和尚虽然水性不好，还是纵身跳入河中，游到对岸。等赶到长桥寺时，小和尚已经精疲力尽。长桥寺大和尚一听小和尚的报信，大吃一惊，连忙召集全寺和尚，分头到各村报信，要大家在两天内全部逃离。可是仍有一些老弱病残和那些不听劝告的人没有逃走。

到第四天上午，果见大队官兵从临平方向开来，指挥官问路人："亭趾在哪儿?"路人答道："过桥便是。"官兵一过桥，见人就杀，见房就烧，那些没有逃出去的乡亲全部被杀。一时间，亭趾村一片火海，尸横遍野。那些逃难出去的百姓大部分逃到了德清新市，为了报答和尚的救命之恩，大家捐献银两，在小和尚游过来报信的河上建起一座长桥，命名为"报恩桥"，重修长桥寺，改名为"报恩寺"。那口把兵马总督尸体扔进去的水井，在1958年清理淤泥时，曾挖出一把腰刀，一副人骨，一块80厘米×60厘米白石元宝，后人们将此井称之为"官井头"。

讲述者：徐建明，原亭趾文化站站长。

慧日禅寺为啥建在博陆

慧日禅寺最早建在江苏扬州，始建于隋开皇十二年（592年）。于后晋开运元年（944年），迁至杭州孤山，改额广照寺。宋朝时，寺被烧毁，方丈为重建慧日寺，四处寻访风水宝地。一日，方丈来到运河边的博陆，发现有一座小庙，背靠运河，庙的东西两面各有一条河流，犹如两条巨龙环绕。庙的东面是棘树河，河上有座寺桥，庙西面是北房河，河上有一座张婆桥，两条河都北通运河，南通金家塘河。两座桥都是东西走向，河水南北流动，像是两个龙头遥遥相对。两条河流在庙的南面汇聚成一个漾潭，再兵分两路流向南面。漾潭中间有一土墩，土墩上长满了绿草，远远望去像一颗天然翡翠明珠。方丈慧眼远眺，喜上眉梢，口称："巧夺天工，乃双龙戏珠也。"于是方丈就在此落脚，一面上书佛教会，一面到处化缘，终于将这座破败不堪小庙改建成慧日禅寺。

慧日寺共有三个大殿，进庙门第一座殿正中是一尊挺着个圆圆的大肚皮，咧着嘴笑哈哈的弥勒大佛，贫也笑，富也笑，对着大家微微笑。两边四大金刚全副披挂手持刀剑威风凛凛。第二座大殿正中有三尊陀佛雕工精细，高大雄伟，双膝盘坐，慈面善态。两边是姿态各异的十八罗汉。三尊佛祖后面的千佛阁上观音娘娘面泛笑意，手持杨柳，脚踏鳌鱼，所有大小菩萨神态各异，栩栩如生。第三殿是观音殿，正中的千手观音体态秀美，造型纤巧，虔诚自在，中间的双手拿着净水瓶和柳枝，其他的纤巧玉手分排两边，手拿各式器具，上下高低，千姿百态，形成了扇形，犹如孔雀开屏，非常端庄。大殿中间挂着硕大的日夜长明的琉璃灯，左旁有一尊韦驮菩萨。

13

　　慧日寺晨钟暮鼓，香烟缭绕，名声大震。每年农历二月二十九观音出世日、六月十九观音出家日、九月十九观音得道日，善男信女烧香念经，有钱人乐助写疏①，捐助钱财数额较大的记载在禅疏簿上。平民百姓捐钱较少的记在红纸上，吉日后将红纸烧毁。贫民来烧香拜佛时将不起眼的钱数丢入功德箱，以求菩萨保佑。寺院也会在吉日里做三天三夜庙戏，戏台搭在寺院南面。看戏人纷纷摇船停在寺南漾潭，朝北观赏，真像过节一样，热闹非凡。

　　①写疏：是和尚、道士拜忏时焚化的祝告文，写有主人家姓氏和拜忏的缘由。又名"疏头"。

亭趾姜师地的来历

姜天师是天上的一个神仙，很有道术，经常云游四方。有一年夏天，他带着随从乘船来杭州白相。路过亭趾滩里村东面的白塘漾时，已近黄昏。这白塘漾水面虽然不大，可景色还不错。特别是漾边的那块堤石，一头伸入水里，好像是一只巨鸭在漾里吃水，因此，这个地方人们就叫"鸭嘴地"。

姜天师命人将船停靠在鸭嘴地过夜，可是晚上漾里蚊子太多，大家东拍西打，仍然蚊虫嗡嗡声不断，使人无法安睡。这时，只见姜天师走上船头，焚香三支，双手合掌，念念有词。不一会，船里蚊子便无影无踪了，船上人无不称奇。

在船上安睡一晚后，一大早，姜天师又命人开船继续到外地去游玩。可奇怪的是，后来有人只要把船停在姜天师曾经停过船的地方过夜，就同样不会再有蚊子叮咬。久而久之，人们便将"鸭嘴地"改叫成"姜师地"了。

讲述者：沈法林，原亭趾乡滩里村出纳。

五杭息嫁漾的来历

沿着古运河向西，过了五杭高桥，有一条往南而弯的叉港。叉港里有一只小漾潭，名叫"息嫁漾"。

说起"息嫁漾"这个名字的来历，当地流传着一个传说。相传清朝乾隆年间，乾隆皇帝下江南。有一天沿着古运河南下，途经五杭，天色渐渐暗了下来，于是传令手下，不再前行，准备在此宿夜。乾隆皇帝吩咐一名大臣，去挑选一处既安全又便当的地方过夜。这位大臣细细查看，最后选中了现在杭南村八组村口的一个小漾潭。

皇帝住宿以后，从运河一直到小漾潭的河面上布满了手拿弓箭的卫兵，并在河中拉起挂着响铃的网绳，周围百姓不得外出。到后半夜，附近的老百姓隐隐听到有女人的哭声传来，大家都非常害怕。等到第二天天亮，乾隆皇帝起驾，一行人马驾起龙船，继续南下。临走前，一位大臣送给当地族长一封御旨，族长展开一看，才知昨天深夜哭声的来历，原来是乾隆皇帝身边的一位妃子得病身亡，并用石棺材沉入小潭之中，乾隆皇帝还在御旨上提名将宿夜的小漾潭称为"息嫁漾"。

后来，每到清明时节，人们常会看到有人在息嫁漾的河边烧纸钱。同时大家还传说息嫁漾是乾隆皇帝龙船宿夜过的地方，因此，即使是炎热的夏天，这里也没有蚊子。

讲述者：尤阿寿，原五杭乡杭南村农民。

落瓜桥与摸瓜滩

相传龙光桥建桥时，因南桥脚建在超山脚下，北桥脚建在太湖边上，由于超山脚不断伸长，太湖边时刻被水冲碰，桥建造了几年都没有建成，今天造，明天塌。

这件事被铁拐李知道了，他来到了工地，南边踏了一脚，北边踩了一脚，桥便很快建成了。桥建好后，铁拐李拿出一只西瓜吃了起来。因为那时是下大雪的冬天，桥工看到这个人冬天在吃西瓜，感到很奇怪，便喊了起来。铁拐李一看，不对，连忙把西瓜扔到了桥下。桥工都讲铁拐李，你自己吃不完，给我们吃好了，为啥要把西瓜丢到桥下去。铁拐李说："要吃西瓜不难，到五杭唐金漾西南边去捞。"后来，桥工来到了唐金漾西南边，真的捞到了这半个西瓜。桥工为了纪念神仙帮助造桥，便把桥名定为落瓜桥，把在唐金漾西南面捞瓜的地方叫摸瓜滩。

讲述者：胡生泉，原五杭乡中北渭村农民。

五杭胡家坝的来历

　　相传600多年前，有一对年青夫妻，带着父母的骨灰从安徽一路逃荒要饭来到了五杭三角渡。当时三角渡并无人烟，一片荒凉。见天色已晚，这对年青夫妇便放了骨灰，准备在此过夜。第二天准备动身，小青年去挑骨灰盒时，却再也挑不起来了。于是请了一位风水先生看了地形，风水先生认为，这里便是塘栖孤林村龙头的龙尾巴。这对夫妇一想，大概父母愿意在此落葬，便葬下了父母的骨灰，于是夫妻二人也就在这里定居了下来。

　　后来，坟上长出了一棵树，这棵树有点与众不同，它从土里长出一根枝杆，到了中间分成两根枝杆，到了上面又合并为一根枝杆，样子极像一把锁，所以有人叫它"锁树"。这对夫妻定居后，生儿育女，随着人口一代一代的增多，到了清朝时已发展到30多户人家，因他们的祖先姓胡，地名便随着他们的祖姓，取名"胡家坝"。如今胡家坝已有120多户人家，都是同一祖先的同宗同族。而那棵"锁树"历经了600年风风雨雨，依然枝叶茂盛。每年清明节，人们纷纷到锁树边上坟祭奠祖宗，这一习俗一直延续至今。

　　讲述者：胡文奎，原五杭乡农民。

火墙里的来历

相传在五杭长春村火墙里有户姓俞的人家。有一天，父亲和三个儿子去杭州城里挑粪，到了夜里还不见小儿子回来，便四处寻找。等找到他后，问他为啥到现在才回来，儿子说："我拾到五块大洋，在等失主，一直等到晚上才找到失主。"父亲一听，认为小儿子太傻了，把小儿子狠狠骂了一顿，还把他赶上了岸，自己和其他两个儿子摇船回去了。

再说这个小儿子在街上讨饭时，被一个鼓手看中，鼓手看他面目清秀便收他为徒。一天，有个大户人家娶了个当官的女儿做媳妇，不巧的是娶亲的那天新郎突然病倒，无法拜堂成亲。无奈之下这个大户人家想了个办法，叫这个小鼓手代替新郎拜堂。第二天，新郎病死，这个当大官的人对大户人家说："我女儿不能在你家空守一辈子，哪个同她拜堂，就配给哪一个。"所以，由官人作主，将女儿许配给了这个小鼓手。

后来小鼓手也做了大官，一次来到杭州，看见有个挑粪的把粪倒翻在店门口，店老板不仅要他用清水清洗，还要他用衣服把地擦干净。这个当了大官的小鼓手一看挑粪的是自己的哥哥，便把这家店封了。后来，这户姓俞的人家也成了财主，但在村里作恶多端。一次，一个丫头洗马桶时不小心将一只毛毛虫带了进来，东家娘娘被毛毛虫咬了一口。第二天，东家叫人四处买来毛毛虫，把小丫头的衣裤全部脱光，将毛毛虫扔到小丫头身上，小丫头被毛毛虫活活咬死。这件事天地不容，一场大火把俞家全部烧光，后来这个地方就叫"火墙里"了。

讲述者：王子昌，原五杭乡农民。

南、北、中水渭的来历

相传很久以前，五杭南北中水渭①一带，人烟稀少，非常荒凉，水涝灾害时常发生，人们缺吃少穿，贫困交加。那时，这里并无村名，百姓的房子都建造在一个漾边。但村中有一座寺庙，名叫"会计寺"，寺里的方丈对漾边的穷苦百姓非常同情。有一年清明节前，他用木板刻了几个字，刻上"驱邪降福，人口平安，财源茂盛，五谷丰登"，并写上"会计寺敬献"几个字。然后将刻好的木板印字，每家每户贴一张，方丈认为这样做会计寺的菩萨能够保护大家。后来老百姓的生活果然逐渐好了起来，于是人们便把村名定为"会计村"。但是这个村有三条河相隔，于是一个村便分成了南水渭、中水渭、北水渭三个自然村的小地名。

①渭，河湾的意思。

讲述者：胡生泉，原五杭乡农民。

前溪庙的来历

元朝初年，在五杭前溪有个姓张的富裕人家，家有良田千亩，金银万贯，人称"张百万"。他生有两个儿子，取名张上林、张大林。等两兄弟都成家立业后，大哥张上林在前溪以种田为生，兄弟张大林在德清武康开米店为业。

兄弟俩看到百姓生活贫苦，便商量要做善事，布施救济穷人。几年后，张上林把千亩良田、万贯金银布施精光，方圆百里的穷人都得到了布施，总算度过了几年难关。但张上林却已是身无分文，吃了上顿没有下顿。

这一天，他想起自己兄弟在德清开米店，便摇了一只船到武康去向兄弟讨点米。到了武康一打听，说是兄弟的米店早已关门，已有两三个月没有布施了。张大林急忙把门撬开来一看，见兄弟一家全都饿死在屋里。回来后，他把家里一切东西全都布施给了穷人，自己把全家叫到屋里，关门等死。

后来，得到布施的穷人为了纪念兄弟俩，便在前溪和武康分别筹款建造了两座前溪庙，做了两个佛像，称张王，香火供拜张家兄弟俩。庙的香火很旺，每年九月初六还举行庙会，纪念这二位救苦救难菩萨心肠的张家祖先。

讲述者：张兴田，原五杭乡农民。

许坝中与郎塘桥

　　五杭圣塘河的许家角有个叫许坝中的人，以放鸭为生。有一天，他刚把鸭子赶到许家角东面的野毛潭，突然间听见"啪"一声响，几百只鸭子同时从河里逃到了岸上。他回到家里一数，发现少了一只鸭子。第二天也发生了同样的情况。许坝中观察到第七天，发现原来是河里有一条黄鳝在作怪，这条黄鳝的头有谷箩一样大。

　　到了第八天，许坝中用一只卖肉的铁钩吊住一只鸭，放到河里，当这条黄鳝吃到鸭子时，铁钩便把黄鳝的嘴巴勾牢了。许坝中用盘车把黄鳝吊了上来，一看这条黄鳝足足有两丈多长。许坝中回到家后，杀好黄鳝放在锅里烧，足足烧了七天七夜，吃了七七四十九天。吃了这条黄鳝后，许坝中身子越长越高，变得力大无穷。

　　这年冬天，他在郎塘河里洗澡，看见一官运船队从北向南开来，船上装运的是大米和建筑用的条石。船上的长官看见许坝中冬天在河里洗澡，便开玩笑对他说："你如果能把我的船拉停，我就将一船米和一船石送给你。"许坝中一听，说："此话当真？我们这里正缺一座桥呢。"当船开到到他面前时，只见许坝中推住船头，不仅停住了船，还用力将船往后倒退了三尺。这个当官的为了显示自己言而有信和大方，便将一船米和一船条石送给了许坝中。后来，许坝中把大米全都救济给了穷人，又请来了石匠师傅，用一船条石在郎塘河上建起了一座郎塘桥。

　　讲述者：沈年法，原五杭乡农民。

杨花桥的由来

五杭唐公村的东面相传有一户姓杨的人家，生活很苦。有一年快到春节了，村坊上的人家都买鱼买肉，准备除夕吃顿团圆饭。可是，杨家连一条鳑鲏鱼①都买不起，所以父亲和两个儿子只得去野鱼塘。好不容易将池塘的水车干，一看连一条鱼都没有，只见鱼塘底下有一张画，画的是一群鸟。他们想，把这幅画拿到屋里挂挂，图个新年吉利也好。

于是父亲和儿子三人拿了这幅画，垂头丧气地回到家里，把画挂在了门上。这个时候，伊拉②娘看到爷三人回来了，便放下了米箩，到里面去准备热水。等烧好热水，回到外头屋里，看见一群鸟把米箩里的米吃得精光。鸟看见有人出来，便又飞回到画里。伊看呆了，叫伊拉爷三人出来看，只见桌上米箩里的米全变成了金子。再到灶间里烧饭，灰糟里也有两锭银子。这样一来，他们便成了财主。后来，杨家开了一个油车作坊，为四邻八乡的农民榨油。为了给村里人造福，他们又在村民进出的渡口造了一座桥。人们为了感谢杨家造福乡里，便把桥名定为了"杨花桥"。

①鳑鲏鱼：是一种小鱼。
②伊拉：土话，他们。

讲述者：胡生泉，原五杭乡农民。

长福桥来历的传说

在亭趾南栅口村的东面，有一条由南往北的河叫徐家港，河面开阔。此河北通亭趾白湖潭，南通新桥港到临平，河东岸是双林乡的姚爹桥村。此外，东岸的李家角、长河头、赵家埭、新宝坞等村庄的村民来亭趾赶集也必经此河摆渡来回。

相传明末清初，河东有一个墩石坞村，村中有一户好人家，女儿嫁到了亭趾蓑衣坝袁家门。千金娇贵，嫌夫家饭菜不合味。双亲爱女，常派丫头送去好菜换口味。一日，丫头手拎食盒摆渡过河，这天风大船摇晃，丫头手拿的食盒盖滑落，她急忙伸手去抢接。由于用力过猛，身体倾斜而掉入河中，弱女子不识水性，被水淹死。主人家发狠心要省下银两造一座桥，但因财力有限，所建的桥十分简陋，没过几年就开始破损。于是开始第二次造桥，由双林乡姚爹桥村起头，联系各村募资，并有临平一富户捐钱助建，最后造了一座九孔石梁桥。因造桥款主要由桥东人家募得，因此桥东头略高于桥西头。桥取名"长福桥"，有为民造桥铺路求得长寿幸福之意。

长福桥造型简朴，横跨水面宽阔的徐家港，九孔映水，极具美感。如今，在临平区内只有这样一座九孔石梁桥了。2004 年，长福桥被确定为杭州市文物保护点。2009 年，被列为杭州市文物保护单位。2017 年，又被列为浙江省文物保护单位。

讲述者：沈再先　王金春，运河街道南栅口村农民。

姜子牙自封"瓦将军"

商纣王时荒淫无道，百姓生活很苦。在昆仑山上的阐教教主元始天尊，派关山门徒 72 岁的姜子牙下山"兴周灭纣"。

姜子牙奉师父之命，肩背封神榜，手拿令黄旗，下山帮周武王打下江山后，按功封神。伊原先打算把东岳大帝的位置留给自己，等封好以后，查了一查，漏掉了武成王黄飞虎，便只好把东岳大帝的位置封给了黄飞虎。但另外又哤不①位置可封了。于是，姜子牙把自己封在瓦上称"瓦将军"。黄飞虎问伊："阿拉②都受人香火，太公在瓦上，何人会爬到瓦上来上香?"姜子牙笑着说："凡是在蜡烛火上点的香算给我好了。"

平时在烧香时，先点蜡烛后，再用火柴点香。但大多数人贪图便当，蜡烛点燃后，便把香放在蜡烛火上点。恰好，香火都被"瓦将军"收了去。

此外，境内老百姓认为天下鬼神都是姜子牙管的，为了安居乐业，不受邪鬼作祟，就把"瓦将军"放在瓦上，写着："姜太公在此"，就表示百无禁忌了。

①哤不：土话，即没有。
②阿拉：方言，我们。

讲述者：唐胜荣，原博陆乡东前溪农民。

龙光桥为啥没有桥神

相传宋朝吕蒙正①被封为飞虎将军后，有一次来到五杭龙光桥。在龙光桥上，他一不小心将官帽掉到了河里。官帽上挂满了珍珠，理应要沉下河的，但官帽却浮了起来。此时，吕蒙正便想起自己在落难时，向别人讨了半只西瓜。可是走在桥上时，一不小心西瓜掉落到了河里，西瓜在水里本应是浮的却沉了下去，吕蒙正没有吃到西瓜。想起这件往事，吕蒙正便对桥神说了一句："桥神桥神，欺负穷人，我叫你去充军。"从此以后，龙光桥便没有了桥神。

①吕蒙正：北宋初年宰相。当初，其父吕龟图内眷很多，与嫡妻刘氏不和，把刘氏及吕蒙正赶出家门。吕蒙正母子非常穷困窘迫。发迹做官后，吕蒙正作《破窑赋》，以自己从凄惨到富贵的经历，引述历史上大量事实，说明人生命运的起落。境内流传不少有关吕蒙正的民间故事。

讲述者：朱炳章，原五杭乡农民。

龙纪寺与小林十八个女儿墩

　　五杭圣塘河的韩家角村周围有五条河，中间有一个方圆百亩地的墩。风水先生看后说，这个地方可称为"五照金龙"。明朝后期，有一个和尚路过此地，看中了这个墩的好风水，便化缘在此建造了一座寺庙，取名"龙纪寺"。到了清朝乾隆年间，寺院越扩越大，寺内有360间僧舍，上千和尚，龙纪寺的名气也越来越大。后来，传到了京城，被乾隆皇帝的女儿知道了。她带着家人和丫环来到龙纪寺烧香。龙纪寺当家和尚并不知此女是乾隆皇帝的女儿。看到这个女人既漂亮又有钱财，便设下黑计，害死了乾隆皇帝的女儿。后来，乾隆皇帝下江南寻找女儿，私访韩家角龙纪寺，打听到女儿被害死的消息，便派兵把龙纪寺包围起来，杀了寺里的和尚，并挖土三尺，找到了女儿的尸体。他连夜将女儿尸体运到临平附近的小林用玉轿送葬。为防坟墓被盗，便在小林做了十八个女儿墩。

　　讲述者：黄松法，原五杭乡农民。

长春庙里的土地菩萨为啥是金装

相传五杭黄家坝里有个上无父母、下无兄弟的孤儿，名叫董布全。有一天，他到一块田里开垄沟，发现地里有一个像毛豆荚一样大小发光的东西。伊拿到河里想洗洗干净，谁知一不小心被滑了开去，立刻变成一只小龙船，还会在河里游动。董布全便对小龙船讲："小龙船啊小龙船，如果我有福能得到你的话，你就快快过来。"话音刚落，只见小龙船自己划到了董布全身边。董布全拿着小龙船回到家里，把发生的事情告诉了村上的老人。老人对村民们说："大家备点路费，叫董布全上路，到京城向皇帝献宝做个状元。"

于是，董布全带上宝物上路去了京城。他翻山过河，这一天，来到了一位姓陈的员外家里求宿。董布全走到陈家花园里，看见花园里有只水缸，缸里放着一只同他一样的小金龙船，于是董布全便把自己的小龙船也放了进去。不料，一放进去，两只小龙船一相遇，顿时鼓乐齐鸣，丝竹悦耳，原来是二只小龙船雌雄相遇，分外亲切。于是，陈员外便把女儿许配给了董布全，还派人护送他到京城献宝。一到京城，皇帝一看两只小龙船很是喜欢，立即封了董布全为状元。董布全得了状元后，便在皇帝面前讨了一道旨意，把家乡长春庙的土地菩萨涂上了金装。

讲述者：王子昌，原五杭乡农民。

白龙潭和太平庵

从前，在五杭郭姜坝村北面与德清禹越罗家村交界处有一个潭，名叫白龙潭。相传这个潭很深很深，潭里有一条白龙。这条白龙善良、勇敢，经常为百姓做好事。遇上旱情，庄稼枯萎时，白龙就悄悄飞上天去，把潭里的水吸上天，在空中催云做雾，降下大雨，救活庄稼。如果有其他地方的野龙到这里来伤害人和禾苗，白龙就奋力与野龙搏斗，把它们赶走。由于得到白龙的眷顾，这里风调雨顺，四季太平。

为感谢白龙的恩德，人们筹款在郭姜坝造了一座庵，取名"太平庵"，并请石匠用石头凿成一只大香炉，上面雕刻一条龙。石香炉放在庵里。据说，这只石香炉的雕刻的龙能预告晴雨：如果来日要晴，龙头上会发出汗滴；如果来日要下雨，龙嘴里会流出水珠。

后来，因为平整土地，扩大农田，白龙潭被填平了。但白龙潭地名却没有改，一直叫到现在。

讲述者：沈元法，原五杭乡农民。

唐金漾的蟹

五杭乡的唐金漾产蟹，这里的蟹与别的地方不同，两只蟹钳一只大一只小。

记不得是什么年代了，太湖里发生了一场青壳蟹和黄壳蟹的大争斗。黄壳蟹蟹王率领蟹兵蟹将入侵青壳蟹的地盘，青壳蟹不甘示弱，摆开阵势迎战。数十万只黄壳蟹钳夹钳，结成一个球，蟹王一声令下，直向青壳蟹滚来。青壳蟹抵挡不住，断钳脱爪，十伤八九，阵势大乱。青壳蟹蟹王一看不对，溜进一条小河，才逃出虎口。他回顾左右，兵将全无，就嚎啕大哭，直哭得两只眼珠都突了出来。它想还是先找个安身之处，养精蓄锐，等待时机再和黄壳蟹打过。

青壳蟹蟹王爬啊爬，爬出小河来到一个漾前。只见这个漾虽比太湖小，但水清石洁，四周柳枝倒垂，倒也像个佛仙世界。青壳蟹蟹王东找西找，找自己的同族。突然一道亮光直刺眼睛，一个闪闪发光的石台挡住了去路。蟹王忙问河里鱼姐虾弟，才知前面这个漾叫唐金漾，这石台是春秋战国时伍子胥的点将台。只要翻过石台，就可到唐金漾安家。

蟹王谢别鱼姐虾弟，咬牙进气，舞动八只钢爪去爬石台阶。直爬得嘴边泡沫成堆，喘着大气，还是翻越不过去。蟹王休息了一下，使出最后一招，伸出两只大钳，钳住青苔，插入石隙。蟹钳一钳住青苔，青苔顿时脱落，掉在钳上，变成一层厚厚的钳毛。钳子插进石隙，发出"格格"声响，石缝开裂，八只蟹爪趁势攀缝向上爬。蟹钳由于钳石块用力过猛，变成了锯齿形。就这样，终于攀上石台。一上石台，蟹王觉得金光四射，仔细一辨，这耀眼的亮光原来是太阳光。蟹王实在太累了，不一会，竟在石台上睡着了。

一个寒颤，蟹王被冻醒，只觉得浑身酸痛，原来是刚才一路逃命，把全身的肉练得更结实了。熟睡时，又不知不觉吃了唐金漾的水，腹中臃胀，变得脂肪满肚。可惜两只钳子由于用力过猛，加上石台寒冷冰结，已脱落了一只。此时，蟹王浑身不适，知道要调盔换甲了。他立志，一等脱了壳，要修出一只蟹钳，超过黄壳蟹的蟹王。

青壳蟹蟹王立志心诚，感动了东海龙王。于是龙王特派虾将军送来一只蟹钳。虾将军使出平生之力，扛了一只最大的钳子，但毕竟个子太小，身单力薄，那钳装在青壳蟹身上，还是小了不少。从此，唐金漾的青壳蟹一只钳大，一只钳小，与别的蟹不同。

讲述者：徐子昌，原五杭乡黄家桥村农民。

南瓜为啥又叫饭瓜

在我们这里的农村，人们把南瓜叫作饭瓜。南瓜为啥叫饭瓜呢？这里面有个有趣的民间故事。

相传很久以前，南山脚下有一户很苦的农家，二老一女，父母多病，双双病在床上。一天，姑娘到南山上去摘野果充饥，爬到斜坡上时，在杂草丛生的地方，发现了两只扁野瓜，就把它摘回来。姑娘回家后用刀一劈，瓜的肉色淡黄；用舌头一舔，还甜滋滋的。姑娘便马上上灶烧好了这两只瓜给父母吃。想不到父母吃后，毛病也渐渐好转了。姑娘非常高兴，便把瓜子留下来作了种子。

到了第二年，姑娘就把种子下在地里，看着它发芽、生长、开花，到了夏天，藤上又长出了这种扁瓜。她把它贮藏起来，一直吃到过年。到了第三年，村坊上的人，也开始种姑娘送的瓜子，一到冬天断粮季节，就把它当饭吃。后来，村里人为了纪念从南山上采来的宝贝，便把这种瓜叫南瓜；还因在粮食青黄不接时可以当饭吃，所以又叫饭瓜。

讲述者：尤洪昌，原五杭乡杭南村村干部，这故事是从他阿伯（即父亲）处听来的。

南瓜谢灶

农历十二月廿三，家家户户都要准备食品瓜果谢灶。当时，吕蒙正还未当上大官，家境贫困，住的是破屋。吕蒙正看看家中没有别的东西可以谢灶，只得用一只准备过年吃的南瓜来谢灶。结果灶家菩萨回到天庭，把吕蒙正用南瓜谢灶的事情一五一十地向玉帝做了汇报。玉帝立刻命值日公和值夜公去查一下，原来吕蒙正小时候弄死过一只蟹虱精。在考场上，蟹虱精作怪，把"八刀分米粉，千里重金钟"诗里"粉，钟"二字用丝封牢了，结果没有考中。查明之后，玉帝收掉蟹虱精。第二年吕蒙正考上了，被封为飞虎将军，称万羊臣相，世吃千羊万猪。

后来，大家都学吕蒙正，在十二月廿三烧一碗南瓜糯米饭谢灶，希望灶家菩萨回到天上后，能在玉皇大帝面前为自己说好话。这个习俗一直流传到现在。

讲述者：蒋原法，原五杭乡圣塘河村农民，从伯伯处传承。

立夏节称小孩和吃立夏饼的来历

相传三国时，刘备的妻子甘夫人过世后，刘备东吴招亲娶了孙夫人，他就把与甘夫人生的儿子阿斗托付给孙夫人照料。孙夫人看到阿斗白白胖胖，很是可爱，心想自己是晚娘，如果管得不好，人家要讲闲话，于是她就想出每年称一称阿斗体重的办法。第一次称的那天正好是立夏。后来，立夏称小孩就成了民间习俗。

有一年立夏节，刘备命赵子龙去看阿斗，还送了很多蒸团子，装成两担，蒸团子一层层叠起来，每一层团子用青菜叶隔开。一到吴国，赵子龙一看，两担团子被压得扁扁的，便急中生智说："我们蜀国在立夏节有吃这种扁团子的风俗，刘备请娘娘尝尝。"娘娘听了，便把又扁又塌的饼分给宫女们吃，并在来年的立夏也学做起来。这件事一传十，十传百，立夏节吃立夏饼的风俗便传开了。

讲述者：蒋源法、沈元祥，原五杭乡郭信村农民。

清明夜扔螺蛳壳的来历

相传秦始皇死后，各地农民起义风起云涌。秦二世为了加强统治，规定每十户人家住一个秦兵，并由这十户人家供养。这十户人家一切都由这个秦兵管制，就连有人结婚，新娘第一夜必须要和这个秦兵洞房。

有一个小伙子看秦兵这样无法无天，恨之入骨，决心要杀掉这些秦兵。但如果只有自己一人动手，难免要给另外九户人家带来灭门之灾。他左思右想，终于想出了一个报仇的办法。

小伙子装扮成化缘的和尚，走遍方圆百里，明为化缘，实为暗地里结识百姓。经过一年时间的串乡走户，终于约定在清明夜黄昏时，以把吃剩的螺蛳壳扔到屋上的响声为号，杀死自己供养的秦兵。就这样，在同一时间，方圆百里的村庄都除掉了秦兵。后来，上面派人来查，也束手无策，因为找不到起头的人。人们为了纪念这个为民除害的小伙子，形成每年清明节吃螺蛳的习俗，到夜黄昏时，都要把吃剩螺蛳壳扔到屋上。这个习俗，一直流传到现在。

讲述者：沈元法，原五杭乡农民。

吃轮头饭习俗的来历

从前，有个钱老头，家境十分贫困，但心地却十分善良。一天，他在桥边拾到一大包银子，见四下无人，便坐着等候失主。足足等了两个时辰，来了一位穷书生，说是借了银子上京赶考，不小心失落了银子。钱老头问清情况后，便将银子还给了他。那书生跪倒就拜，说有朝一日，一定要报答他的大恩大德。

钱老头回到家中，把这件事对儿子、媳妇一讲，两人都骂钱老头是个呆度①，并把父亲赶出家门。可怜的钱老头只得靠讨饭过日脚②。

一天，他来到一座草房前，只见天空乌云密布，眼看一场大雨就要倾盆而下，那户人家门前空地上却堆着一捆捆干草，无人去收。于是，钱老头使劲把干草往草棚里搬，刚搬完，雨就下起来了。这时，急匆匆跑来三个小伙子，见钱老头已帮他们把干草收好，心中十分感激，于是把他留了下来。

原来这三人是兄弟，因家中贫穷，还是三个光棍汉。他们把钱老头留下后，便认他作干爹。从此后，三兄弟在田里干活，钱老头在家烧饭，日子倒也过得很自在。

一天，钱老头看后门茅坑边有一块石板很不平稳，想重新把它摆摆好。他把这块石板挖起来后，却见下面有一只大缸，再一挖，看到缸里全是白花花的银子。等到三兄弟回来，钱老头将挖到银子的经过告诉了三兄弟，大家到后门一看，果然如此，真是高兴。

三兄弟用这些银子盖起了房子，娶了娘子，钱老头也和他们过起了好日子。但钱老头心地仍然十分善良，经常把钱救济周围的穷苦百姓。

一天，来了一对讨饭的夫妇。钱老头刚想给他们一点碎银，一看，却气得转身就往回走。原来讨饭的不是别人，正是自己亲生儿子和媳妇。他们也看清了正是自己阿爸，跪在地上连连求饶，诉说家中的不幸。那一年，他们把父亲赶出家门后，连遭不幸。先是夫妇生病，后又遭火灾，家里烧得一干二净，便只得出来讨饭。钱老头气得浑身发抖，大骂儿子是败家子。儿子和媳妇知道自己错了，见阿爸身体又十分健壮，便要接他回老家，说是今后一定要孝顺奉养。正巧这时三兄弟回来了，见两个叫化子在拉他们的干爹，就上前责问，和他们争执起来。一个说，他是我的亲阿爸，是属于我的。三兄弟说，他是我们干爹，是属于我们的。

他们几个人吵来吵去，结果吵到了衙门里。县官老爷升堂看了状子，问清了事体的来龙去脉。当即走下堂来，扑通一声跪在钱老头面前，口口声声说："恩人在上，受下官一拜。"原来，这县官老爷正是当年上京赶考丢失银子的穷书生。他对大家说："你们的亲爹、干爹是我的大恩人，应该由我来抚养。"这样，从原来的两方争夺变成了三方争夺。三方各不相让。

最后，还是县官老爷想出了办法："从明天起，干脆大家轮着供养，每十天一家，按次轮流。"大家都表示赞成。从此以后，钱老头便轮流到各家去吃饭。此后，父母到几个儿子家中吃轮头饭的风俗也就一直流传了下去。

①呆度：土话，读 andu，傻瓜的意思。
②日脚：土话，读 nieja，日子的意思。

讲述者：毕兴泉，原亭趾乡费庄村会计。

桃花姑娘和婚俗

从前，杭州一带新婚习俗，新娘子要坐花轿，轿前点两盏灯笼，用两只铜盆一路敲打过去。新娘上下花轿时，地上要铺红毡，鞋子不能着地。进洞房时，伴娘要用两支甘蔗一路舞打，将水果、糖果撒在新房里，拜完堂还要闹新房。这个习俗是出于一个桃花姑娘的传说。

杭州城外皋亭山桃花坞①，有一个名叫桃花的姑娘。姑娘生得聪敏大方，还有一个未卜先知的本领，大家都十分喜欢她。后来，这件事传到杭州府衙门官老爷的耳朵里。那位大人也是个"半仙"，喜欢给别人卜卦，因此，他想亲自去试试桃花姑娘的本事是真是假。

有一天，官老爷乔装成一个过路人，来到了桃花坞。时值桃花盛开，桃花坞游人如织，他就挤在人群里边走边与大家说说笑笑。这时，他见到乡民正忙着造一间房子，官老爷立在一旁说："这房子要塌的。"造房子的人听了，怪他胡说不吉利的话，气极了。可是，这位半仙官老爷坚持说："是要塌的，你们如果不信，可以去问问桃花姑娘。"

不多时，桃花姑娘来了，半仙大人一看，只是一个十六七岁的村姑，心里就有点瞧不起她。但见她长得漂亮，柳眉杏眼，桃花般的脸蛋，不禁有些心动。村民们七嘴八舌地把刚才的事说了一遍，要姑娘答话。姑娘不加思忖地点了点头，大家才觉得这个老头可能是一个有本事的人。接着半仙大人问姑娘："这房子是朝里塌还是朝外塌？"姑娘回答："朝里塌，还要压死九条性命。"这半仙大人听了暗想，她连要压死九条性命都晓得，比自己高出一筹了。乡民们则半信半疑。等房屋造好后，主人在那里关了一只母猪。过了三天，母猪生了八只小猪。刚生下小猪后，房子就塌了，母猪和小猪共九条性命都压死了。于是乡民们更加信服桃花姑娘的本领。

衙门半仙老爷知道后，十分佩服，托媒要娶桃花姑娘当夫人。姑娘不答应，可她阿爸说："给官老爷当媳妇，你一辈子好享清福了，也免得老父操心。"原来姑娘母亲早亡，自幼由父亲拉扯养大，因此姑娘对父亲十分孝顺，同时又自知自己寿命有限，就点头同意了。但她说："我可以答应这门婚事，不过要依我三件事。"阿爸说："哪三件事？说来听听。"桃花姑娘说："第一，我要坐花轿去，轿前点两盏灯笼，还要用两只铜盆一路敲打送去。第二，我上下花轿，地上要铺红毡，我的鞋子不能着地。第三，进洞房时，伴娘要用两支甘蔗舞动，并把水果、糖果撒在新房里，拜完堂还要闹新房。"她阿爸听了件件同意，托媒人转告衙门官老爷，照此办理。

原来桃花姑娘是桃树仙女，因为桃树的树龄一般只有十七八年，所以桃花姑娘的寿命也只有十七八岁。到时候，她身边会有许多小鬼野魅要拉她去阎王那里。为了预防在路上和到了新房被鬼魅缠绕，她想出这三件事，就是为了驱邪赶鬼。据说，烛光亮，铜器响，鬼难近身；红毡铺地，鞋不沾地，鬼只能远避；甘蔗像枪，果食像弹，能吓鬼赶鬼。桃花姑娘结婚这天，确实有好几个鬼魅跟在姑娘周围转悠，但一看这一阵势，不得不逃走了。从此，大家为了新娘婚礼顺当，也学着这么办，慢慢地就形成了杭州一带的婚俗，直到现在还有不少地方保留着这个习俗。

①桃花坞：《杭县志稿》载：皋亭山南为桃花坞，清乾嘉时觞咏于此不绝。

讲述者：胡子贤，原博陆乡新圩村农民。

花花蚕种出余杭

余杭东溪桥孟家村有贴隔壁两份人家，一份人家叫木度①阿婶，另一份人家叫堂大娘。木度阿婶做事大脉脉②，是划个圆圈不会走出外的老实户头，堂大娘却是一个一副坏心肠的泼辣货。

三月里要育种养蚕了，木度阿婶是外行，问堂大娘："育种哪介育育？"堂大娘存心要多养蚕，要吃木度阿婶地里的桑叶，就说："要用石灰滚水育的。"木度阿婶蛮相信，弄了一缸水，倒进生石灰，水就滚了。她把蚕种放进滚水里去育，上好的一张蚕种烫煞光。

到掸蚕乌儿③了，木度阿婶一张蚕种只出了一个蚕乌儿。她只怪自己运气勿好，她勿晓得这个蚕乌儿还是滚水呒不烫着剩落来的。她没有办法，只有尽心尽力服侍这一个蚕宝宝。哪里晓得这个蚕宝宝吃叶格辰光跳来跳去吃，一箅桑叶吃光，二箅桑叶也吃完，越长越大，木度阿婶连摘桑叶都来勿及。

堂大娘家的蚕乌儿出得很整齐，蚕宝宝养了三间屋地铺。堂大娘天天清早摘叶碰见木度阿婶，心里弄得勿相信，这个"木度"一个宝宝要摘介多叶？有一天，等木度阿婶出门摘叶，她从板缝里向隔壁偷看，只见一个大蚕，头上生角，跳来跳去吃叶。于是堂大娘又起黑良心了。她拿一根小竹竿，头上绑只金玉簪子，从壁缝里伸过去，用力一戳，把大蚕戳煞④了。她心里蛮落胃，叶箅背背出门摘桑叶去了。

两个人摘叶回来，推开门一看，都叫了起来。只见木度阿婶屋里满满一地蚕宝宝，堂大娘屋里空空荡荡，一个蚕宝宝也不见。原来木度阿婶养的是条龙蚕，堂大娘养的自然都是"将蚕"了，龙蚕死了。将蚕都钻过门缝去吊孝了。这真是黑心人自作自受，堂大娘心知肚明，有苦说不出。

从此，木度阿婶家养的龙蚕、将蚕结的茧子采也采不完，做起丝来一车一车，丝多得屋里放勿落，边做边卖，发了大财。后来方圆百里的农户都晓得木度阿婶的蚕宝宝顶好，用她家蚕子做种，一定会发兑开来。于是，木度阿婶做了蚕种主人，后来名气越来越大，各府各省都到余杭东溪桥孟家村来买蚕种，所以民间有个说法，叫"花花蚕种出余杭"。

①木度：土话，呆笨。

②大脉脉：土话，就是没有心机的意思。

③蚕乌儿：初生蚕称乌（乌儿）。

④戳煞：土话，戳死的意思。

讲述者：宋彩堂，原博陆乡新圩村农民。

摆"座头饭"的来历

旧时，境内安葬习俗分两步进行，先将厝枢安放于自家田间，三年后再落土安葬。逝者去世后，七日一祭，称为"做七"，共做七个七。其中"五七"最为隆重，这天要接亡灵回家，俗称"接山"。传说"接山"后，亡者的灵魂上了座头，家中亲人从"接山"开始，每天端座头饭历时三年。逝者去世三年后，烧掉座头，再去墓地，拆开棺材，将逝者的枯骨依次从脚趾骨到头颅捡入瓮中（俗称"骨殖瓮"），最后合上瓮盖，将骨殖瓮安葬，筑坟立碑。

所谓"摆座头饭"就是在家里堂前供奉逝者牌位，一日三餐在牌位前放上一碗米饭，点燃香烛，这就叫供座头饭，历时三年。境内传说这个习俗与韩信有关。

刘邦靠韩信打得天下做了皇帝，封韩信为元帅。刘邦的西宫娘娘吕后是淫荡的妇人，她看上了韩信。有一天，她设下计策，在宫院牡丹亭设酒席摆棋盘，请韩信前来与她对弈。韩信不知是计，欣然赴约。酒过三巡，棋成半局时，吕后突然吟道："桌上棋子响，桌下牡丹开。"并要韩信猜一猜。韩信一听，这分明是在调戏他。但又不敢胡说乱道，生怕这是刘邦授意对他考验，心里不禁忐忑不安，输了棋回了家。回到家后，韩信闷闷不乐，韩信夫人是个聪明人，便问韩信出了什么事。听完韩信讲述事情经过后，夫人说："明天你就跟西宫娘娘说'韩信原想猜一猜，只怕要上断头台'。"第二天，韩信果然这样说了，西宫娘娘一听，知道韩信不肯就范，立即变了脸，反诬是韩信在调戏她，并到刘邦那里去告状。刘邦闻言，十分恼火，想要斩了韩信，但她对吕后的话又有点半信半疑。侍臣们又劝刘邦耳听为虚，眼见为实，并为皇上出了一个计谋：要皇上在花园搭一个高台，让吕后和韩信一起到后花园赏花，试试他是不是有异态。刘邦当即采纳，命侍臣搭一个十丈高台。吕后得到消息后，也做了一番准备。

第二天，风和日丽，韩信奉皇上之命前来赏花。刚走到园中花径，只见西宫娘娘正在那里，韩信施礼拜见。吕后却故意走近韩信，当时正是三春天候，只见一群蜜蜂嗡嗡嗡地围在娘娘头顶飞舞。突然，一只蜜蜂叮在了娘娘的右颊上，正对着韩信，韩信怕蜜蜂蜇了娘娘，便顺手拂掉蜜蜂。谁知韩信的这个动作被站在高台上的刘邦看得一清二楚。因为是眼见为实，刘邦便下圣旨要斩韩信。

原来吕后在昨日筹谋了一天，想出一个办法。事先在头发上搽上蜜糖，再插上满头鲜花，引得蜜蜂围拢过来。她知道韩信心地不坏，一定会上当，今日果然灵验。其实皇后并不想真的杀了韩信，只是想给他一个警告。于是，皇后向刘邦求情，说："韩元帅是开国功臣，不可随便动刑。但皇上已开金口，也不能不执行，依妾之见，一是见天不杀，二是见地不杀，三是见人不杀，四是见铁不杀，还不要在京城杀，要送到杭州去。"刘邦听了皇后的话，派御林军把韩信押解到了杭州。

到了杭州，将韩信关在一个没有门的楼上，放了一把竹刀，这样不见天不见地不见人，也不是铁刀，如果过了时辰韩信不死，就保住了性命，对皇上也好交待了。但韩信是一员猛将，那能受此羞辱，不多时便用竹刀在自己喉咙上戳了一个洞而自杀了。

韩信死后，灵魂来到阎王殿报到。阎王爷见是韩信，连忙从座位上下来迎接。阎王爷翻开生死簿一看，对韩信说："你还有三年阳寿，怎么现在就到阴间来报到了？"韩信诉说了事情的来龙去咏，并对阎王爷说："既然我还有三年阳寿，那就放我回阳间吧！"阎王爷说："你的灵魂已经出壳，不能回去了。在这三年里，让你的子孙在家中立个牌位，放个座位，日日奉饭侍候如同阳寿，待三年后再行落土安葬。"事已至此，韩信只得照办。于是，亲人死后，摆三年"座头饭"的习俗就流传下来了。

（根据境内民间传说整理）

小孩额头上点红的来历

在农村，经常会看到有的大人会在小孩额头上点上一个红点，表示好看、吉利。相传这里有个有趣的传说。

宋朝有个大财主名叫吴文来，有 7 个儿子，生了 43 个孙男孙女。每到过年时，他要分压岁钱给 43 个孙男孙女。但每年分压岁钱时，分到最后一定会少几包压岁钱。这一年，他想出一个办法，分完一个压岁钱，便在这个小孩额头上点一个红点，作上记号。这样一来，分到最后，准备好的压岁钱刚刚好，一个也不多，一个也不少。慢慢地，逢年过节或在有喜事时在小孩额头上点上一个红点便成为一个习俗。

讲述者：蒋源法，原五杭乡农民。

油桐树是小伙子变的

传说，从前夜里是黑黑的，没有照明的东西。有个村坊上有户人家，全家有父亲、儿子、女儿三个人。有一天，父亲说："我听说很远地方有一座云梯山，山上住着一位白胡子老伯伯。只有他有办法，会让黑夜有亮光。"

小伙子为了人间有照明的东西，第二天就出远门寻找白胡子老伯伯。他吃尽千辛万苦，果然在云梯山找到了这位白胡子老伯伯。小伙子恳求他传授照明的办法。白胡子老人问："那你愿意献身吗？"小伙子回答道："只要能对大家有好处，我就愿意献身。"

父女俩在家足足等了七七四十九天，还不见小伙子回来，于是妹妹决定去云梯山找哥哥。直到正月十五这一天，她才寻着了白胡子老伯伯，她问道："上次来的那位小伙子是我哥哥，不知他到哪里去了？"白胡子老伯回答道："你哥哥已经变成油桐树了，用油桐树籽榨出油，便可用来点灯。"妹妹回家后，只见满山都长出油桐树。后来，妹妹把油桐籽榨出油来点灯，并且将榨油的方法传授给大家。从那时开始，人间才有了照明的东西。

讲述者：沈文英，女，原五杭乡唐公村农民，从爷爷处传承。

鹅为什么吃素

从前，鹅与鸭一样，都吃荤的。

传说大禹在江南一带治水时，有天晚上，投宿在一户人家里。为感谢大禹为民治水，主人准备将家里养的一只老鹅宰杀，用来宴请大禹。这个消息传开后，整个鹅群都"嘎嘎嘎"地叫个不停，声音显得凄凄惨惨，悲悲戚戚。为啥？原来那只老鹅是鹅王，若是鹅王被杀，鹅群就失去了头领。

第二天清早，主人拿起菜刀，正准备杀鹅时，那鹅王眼看将与群鹅告别，不禁"唰唰"地流下眼泪。这一幕情景恰好被大禹看见，他心里感到十分难过，忙上前劝阻主人道："我向来吃素，你不要杀它！"最后，主人放掉了鹅王。

大禹救了鹅王，鹅王非常感激，便对鹅群下令："大禹吃素不吃荤，他救了我的命，今后我们也都要吃素。"从此，鹅就不再吃荤的了。

讲述者：宋彩堂，原博陆乡新圩村农民。

民间故事

　　民间故事是民间文学的重要组成部分。从广义上讲，民间故事是劳动人民创作并传播的、具有虚构内容的散文形式的口头文学作品。

　　流传于境内的民间故事题材与内容都十分丰富。第一类是神话传说的民间故事，内容包括神、仙、鬼、怪，以及历史上出名的人物。境内流传较广的有本地人徐凤士和附近临平潘烂头、临平山白仙、嘉兴陶瘫子的传说故事，还有孔子、乾隆皇帝、刘伯温、沈万山、徐文长、叶天士等历史人物的故事，以及吕纯阳、铁拐李等神仙的传说故事。这些故事表达了人们对贫困、诚实主人公实现的美好愿望的憧憬和对恶人、贪心者予以惩罚的心理。

　　第二类是公案故事，例如本书收录的《知县老爷断案》《徐凤士智斗地保》《沈正师智斗二霸》等。公案故事之所以能广泛流传，与封建社会的黑暗有着莫大的关联，老百姓无不盼着有为民说话清官出世，所以那些清官的故事在百姓中广为流传，成为人们生活的一种寄托。

　　而在境内流传最为广泛的是生活故事，既有才子佳人的故事，也有善恶报应的故事，还有机智人物的故事。其中代表性作品有《渡女》《王阿四写招牌》《天地良心》《荷花姑娘》《阿大发财》等。这些故事表达人们对生活变富或弱者获胜的愿望，对于机智善辩的赞扬及对于愚蠢呆笨的讽刺等，表达了人们扬善惩恶的鲜明是非观。这些故事构思独特，语言朴实，与民众审美趣味相契合。民间故事的创作者和传播者的文化程度普遍不高，但故事在传播过程中，传播者往往会融入自己的丰富想象，因而产生同一母题在不同地区出现多种异文的现象，而这正说明这些民间故事的顽强生命力和植根于民间沃土的坚实基础。

本书还收录几篇动物寓言，例如《蚂蚁报恩》《蛇报恩德》《黄鳝干死》《猴子想变人》等。故事里的动物常被拟人化，通过借助动物表现某种社会现象、人与人的关系，恩德相报的社会伦理，寄寓着比较明显的教育意义。

此外，本书还收录有 20 世纪 80 年代后在境内流传的几则笑话，讽刺了一些社会陋习和干部工作中存在的形式主义等不正之风。语言幽默，生动形象，在令人忍俊不禁的同时，也发人深省。

孔子与项橐

相传，当年孔子车载史书万卷，带着门徒数十人周游列国。

有一天，孔子来到孝感县城东十里路的地方，被小孩搭起的一座城墙拦住去路，赶车的子路喊道："大人到此，小人让开！"有一个名叫项橐的小孩说："自古只有车让城，哪有城让车的道理！"孔子一听，这话很有道理，看看这孩子不过六七岁，就这样聪颖过人，想收为门生。但项橐却说："父母须孝之，良师须学之，长兄须听之，弱弟须惠之。"言外之意是我要尽敬老扶幼之责，不愿周游列国。孔子听了，暗暗称赞。

孔子为了试试项橐的肚才，就问："什么花没有叶？什么有水没有鱼？什么有火没有烟？什么有城没有市？"项橐回答说："雪花没有叶，井里有水没有鱼，萤火（虫）有火没有烟，皇城有城没有市。"孔子听了，连连点头，很是佩服。

项橐说："那我也要出几个题哩！什么车没有轮？什么马没有腿？什么头没有尾？什么齿没有嘴？"一下子把孔子问住了。项橐笑笑说："这在我们乡下连三岁小孩都晓得，水车没有轮，秧马没有腿，蚕豆有头没有尾，耙齿没有嘴。"孔子感到很是惭愧，心想，我枉为文人，还不如这孩子知识广哩！感慨地说："三人同行，必有吾师！"因而，在《三字经》里有一句："昔仲尼，师项橐"的话。

讲述者：宋彩堂，原博陆乡新圩村农民。

乾隆皇帝到五杭

相传，乾隆皇帝有一次下江南时路过五杭，想要上岸观看山水风光。这一下可吓坏了五杭族长，他四处派人寻找懂诗文的人，寻得好苦，才寻到了一个98岁的老人，族长让他去接驾。

接驾时，乾隆皇帝问老人："老先生你贵庚多少？"老人回答："万岁，我甲子零头三十八。"乾隆一听，开了金口说："哦，你老先生百岁老人少二。"因为皇帝金口难开，一开口说老人寿庚九十八，那这位老人只能活到98岁了。为了实现皇帝的金口，伊的大臣派人杀了这个老人。

讲述者：俞正祥，原五杭乡农民。

乾隆与师爷

乾隆皇帝下江南，耽搁在杭州省府衙门内，府台大人吓破了胆。心想：自己是捐班出身，文才有限，万一有不到之处，冒犯皇帝，罪该万死。便急中生智，请来师爷作伴，跟着一起去见乾隆皇帝。

府台陪着乾隆皇帝喝酒，酒至半醉，乾隆皇帝说道："我有一题，卿可对来。'自古至今，先得时，晚得时，君得时，勿得时。'"府台大人对不出，急得手脚冰凉，额头冒汗。师爷急忙抢着说："万岁！先得时，甘罗十二为丞相；晚得时，姜太公八十遇文王；君得时，是皇帝万岁万万岁；勿得时，是我一生一世老童生。"

乾隆皇帝听了点点头，夸奖道："对得好！"马上封师爷为七品知县，即日上任。

讲述者：宋彩堂，原博陆乡新圩村农民。

心满意足

有一天，乾隆皇帝乔装打扮成富商，自称"高天赐"，单人出宫，微服私访。

他来到一个地方，看见一垛大火墙上写着"心满意足"四个大字。乾隆心想：我做了皇帝还勿够，他怎么写心满意足呢？于是乾隆迈步走进墙门，问："你们家有多少财产呀？怎么就心满意足了呢？"那人答道："客官，我家有五个儿子，五个媳妇，还有五个小孙子，而且他们都很孝顺，现在家里做做吃吃也蛮舒服，我们小老百姓能过上这样的日子，当然就心满意足了。"

乾隆帝听后赞叹不已！当即书写一联："家有孝子亲安乐，国有贤人世太平。"

讲述者：宋彩堂，原博陆乡新圩村农民。

临平潘烂头"成仙"的故事

从前，临平有一个姓潘的财主，一心想得道成仙。一天夜里，他做了一个梦："明晚三更，龙兴桥上要过八仙。"第二天夜里二更天，他就匆匆赶到龙兴桥边躲了起来，想要看个究竟。过了一歇辰光，果然有八个仙人向龙兴桥走来，七个仙人一个个从他的身边走过，当最后一个身背葫芦、手拿铁拐的神仙走到他身旁时，潘老财突然一个剪步冲出来跪倒在神仙面前，大声说："仙师、仙师，我也要学道成仙。"这神仙就是铁拐李，他笑笑说道："你也要学道成仙？好，你看桥那边的树丛里有我拉的一堆屎，你把它吃了，就可以得道成仙了。""啊!?"潘老财半信半疑，手一松，铁拐李早已无影无踪。他只得来到桥边树林里，果然发现地上有一大堆屎。潘老财一见这屎，恶心得连连反胃，哪里还吃得下去？正在犹豫不决的时候。来了一只黄狗，一见这屎就吃了起来，潘老财想起神仙的话，急忙把狗赶开，谁知那狗吃了这屎以后，竟腾空飞走了。啊！果然是仙丹，吃了就能成仙，于是潘老财硬着头皮把剩下的半堆屎吃了下去。

回到家后，潘老财觉得肚里难过，就到茅坑上拉屎，心想："自己吃了仙人屎，究竟有没有道行，不妨试试看。"他便拔了几枝茅草，撮土为香，口里念道："老财有道，望神灵救我。"说完，又朝天拜了几拜。忽然，一道金光，从天上降落一位金甲神将，问道："潘老财何事惊慌，本神来了。"潘老财一看大喜，果然自己有了道行，竟能呼唤天上神将。不过，有什么事呢？神将等得不耐烦了，皱起了眉头。潘老财心里更加慌了，便随口说了一句："我忘了拿草纸，快给我拿张草纸来。"神将听了大怒，气得金脸变成了红脸，给他头上一个栗暴子，骂了声"孽畜无礼！"自回天门去了。

再说那潘老财头上吃了神将一个栗暴子，头皮开始有点发痒，不久头皮开始溃烂了，到后来烂得出脓出血，始终没有好过。于是，"潘烂头"①的绰号也就从此传开了。不过潘烂头见到人总是头头是道地说他拉屎得神道，天将下凡等故事。因此，临平街上也有人叫他"潘半仙"。

①潘烂头是临平、塘栖一带民间讲潘逍遥故事时的浑号，境内流传不少有关潘烂头的故事。《仁和县志》载：潘阆，字逍遥，仁和人。所居在大街东巷内，今潘阆巷是也。阆通春秋，尤以诗知名，太宗召对，赐进士第，将官使之不就。素与王继恩善，恩下狱并收阆，真宗释共罪，以为滁州参军，卒。初与道士冯德之同处，阆将死，约归骨于天柱山，至是冯德之丧其骨以归葬焉。诗名"逍遥集"。

讲述者：刘金香，原亭趾乡大来桥村办厂出纳。

潘烂头戏弄郎相官

话说潘烂头和郎相官都是临平人，家境都很富裕。

一天郎相官对潘烂头说："像我们这样的人家，今生今世总不会再讨饭了吧?"潘烂头答道："当然不会。"事后，潘烂头一想郎相官是个有名讼师，平时好捉弄人，我何不也戏弄他一番。

过了几天，潘烂头对郎相官说："听说京城有个戏班子戏做得很好，我同你去京城看戏文好不好?"郎相官说："好，等我回家去拿些银两，收拾一下，今朝就动身如何?"潘烂头说："好呀，不过你不要回去拿银两了，路上一切开销由我请客吧。"

说着，潘烂头编了一条草龙，和郎相官一起骑上去，并嘱咐郎相官闭上眼睛，又在龙头上喷了一口清水，口里念念有词，叫声："起!"草龙腾空而飞，只听见耳边呼呼风响，不一会儿便到了京城。

他俩下了草龙，就直奔戏场。潘烂头买好戏票，就同郎相官一道进去看戏去了。

这戏文班子果然名不虚传，郎相官高兴得手舞足蹈。突然，潘烂头对郎相官说："你千万不要走开，我去解个手①就回来。"说着就走出人群。

郎相官等到戏文散场还不见潘烂头回来，这时郎相官心中开始着急起来，但又不敢离开，只得再等。一直等到日落西山仍不见潘烂头回来，只好出去寻找。此时，哪里还找得到潘烂头的影子。郎相官摸摸口袋，袋里又没有银两，心里十分懊恼，可是也没有办法。

郎相官在京城里没有一个熟人，只好沿路讨饭回家，天天风餐露宿，一直走了三个月才回到家里。这辰光的郎相官已经是破衣烂衫，活像一个真正的乞丐了。

这时，潘烂头闻讯赶来看他，问道："你怎么今天才回来？那天叫我寻得好苦呀！"

"放屁！我等到天黑还不见你回来，才走开去找你的，害得我讨饭回来。"

"啊！哈哈哈……没想到吧！你郎相官今生今世也还有讨饭格日脚。"郎相官这时才明白平时自己专好戏弄别人，今日反被别人戏弄了。

①解手：土话，上厕所的意思。

讲述者：徐建民，原亭趾文化站站长。

白仙的传说

听老辈人说，很久很久以前临平山上有一个仙洞，洞里住着一位姓白的仙人，洞门在大岭岙，没有人能进得去。

却说临平山旁边的罗庄有一个农夫，他种了三亩地的菜瓜，却只结了一条菜瓜。农夫十分奇怪，为啥我种的三亩地只结一条菜瓜呢？这天，来了一个识宝的人，他对农夫说："你这条菜瓜是临平山白仙洞洞门的钥匙，你拿它到大岭岙石崖上一触，洞门就会打开，进去后可以向白仙要金银财宝。"于是，农夫拿着菜瓜来到大岭岙，他用菜瓜在石崖上一触，果然打开了洞门。农夫进去一看，里面是一座很大的庄园，前面有三间厢房，后面有客房，还有书房。他来到书房，见里面坐着一位白须老人，他猜想这一定是传说的白神仙了。农夫向仙人作揖施礼，说明自家的来意。白胡须老人说："我家并无什么珍珠宝贝，你既然来了，我就给你一斗黄豆吧。"那农夫拿着黄豆走出洞门，心想我是来要珠宝的，不是要你黄豆的，便把黄豆全都倒在了山上，空着双手回家了。回到家后，他把装黄豆的袋子翻转抖抖清爽，只见袋子里还有一颗剩下的黄豆滚落到地上，他拾起来一看，竟是一颗闪闪发亮的珍珠。于是他赶紧跑到大岭岙去寻找被他倒掉的黄豆。可是寻遍了大岭岙，不见有一颗珍珠。而且那根菜瓜也没有了，只有满山的花草。从此，农夫再也找不到白仙洞的大门了。

讲述者：吴香泉，原亭趾乡章家河村农民。

嘉兴陶瘫子的传说

嘉兴有个姓陶的人，从小偏瘫，手脚不便，大家都叫他陶瘫子。不久，他父母相继病逝。陶瘫子只得划着一只小船，到处求乞度日。

一天，他划船来到了湖州府地面讨饭，将船停在一棵树下，准备在此过夜。

话说这湖州府台老爷有一个女儿，不知怎么，小姐的肚皮一天天大起来了。这事被老爷看破，心想：堂堂府台女儿竟会做出这种苟且之事，以后本官哪里还有脸面见人。于是，他决定半夜三更要将女儿处死。

夫人得知消息后，舍不得女儿，急忙叫女儿连夜逃命。那小姐跌跌撞撞逃到河滩头，看见一只小船，就不管三七廿一，急忙逃进船里，忙叫船家开船。等到天亮，一看这划船的人不但相貌难看，而且还是个偏瘫之人。小姐觉得自己命太苦了，但又无路可走，只得暂时在船里安身。白天，陶瘫子到外头讨米，小姐在船上烧饭。

一天，她正烧饭时，突然从树上掉下一条赤练蛇，刚好掉进饭锅里。小姐心里一急，忙把锅盖盖牢，等到饭烧好一看，蛇肉已经烧烂，她只得抖出蛇骨重新盖好。陶瘫子回来肚里饥饿，揭开锅盖，盛起饭来就吃，等饭吃好后，觉得浑身难过，在船板上滚来滚去，小姐也吓得不知如何才好。谁知那陶瘫子滚到后来，身上脱落一层壳来，竟变成了一个雪白粉嫩的小伙子，腿也不瘸了。小姐看了十分喜欢，于是二人便结成夫妻，从此就不再讨饭了。

后来，夫妻俩回到嘉兴，租了一间房子，准备做点生意。据说这间房子夜夜闹鬼，没有人敢住进去，若是住进去的话也马上要被鬼吓出来。这天，陶瘫子两夫妻住了进去，半夜果然听得有人叫道："二位贵人，我是这里的护财神，专门在这里等候二位贵人的到来。今天你们来了，我也好回去了，金银财宝都藏在地下的缸甏里。"陶瘫子夫妻一听，吃了一惊，连忙向神仙作揖拜谢。

第二天，陶瘫子两夫妻挖开家中地面。一看，地下果然埋着一只缸甏，打开一看，里面全是金银财宝。后来陶瘫子又得仙人托梦，要他把身体上脱落下来的壳拿来浸酒，可以治疗偏瘫病。于是，陶瘫子就按照梦里仙人所说的，把自己身上蜕下的壳浸成药酒，用来给人治疗偏瘫病。果然这种药酒一吃就灵，夫妻俩用这种药酒治好了许多病人。

据说，嘉兴药酒闻名于世，还是从陶瘫子那时开始发源的。

讲述者：朱宽永，原亭趾乡机械厂职工。

鲁班造橹

鲁班仙师造船，造好后船下水，却只会在原地打圈圈，不会朝前行。鲁班头上搔搔，脚上挖挖，想勿出一个办法来叫船会得向前行。弄得他日思夜想，日里吃勿落，夜里睏勿着，他躺在海滩上，头向天打呆盹儿。

一天，他躺在海滩上，看见一只老鹰从天上飞过。它尾巴一掀一掀向前飞去，左一掀向右转，右一掀向左转，转歪了，尾巴一翘，又飞得直了。老鹰飞得自由自在，好不得意。鲁班看着看着，突然大叫一声："有了！有了！"他马上爬起来，拿来一根木头、一把斧头，三下五除二，就照着老鹰尾巴的样子做起了一支船尾巴。做好后，把它装在船屁股上。果然，一掀一掀摇起来，船就向前行了，转弯抹角，只要一扳一推，蛮是灵巧。

这个木头做的船尾巴，是鲁班看老鹰在天上飞想出来的家生①，后来，大家给它取了个名字叫"橹"。

①家生：土话，读 gasan，工具的意思。

讲述者：宋彩堂，原博陆乡新圩村农民。

叶天士智斗吕纯阳

有一天，吕纯阳出游来到苏州，看见许多人在请叶天士①医病。他想："我是神仙，也没有这么多人叫我看病，叶天士是凡人，倒有这么多人叫他看病。好，我倒不相信，要同他斗一斗，看看他到底有多少本事？"于是，吕纯阳在叶天士斜对面租了一间房子，挂起招牌，开张营业。说来也奇怪，叶天士那里是挤破了门面，却总不见有人来请吕纯阳看病，这真是"纵有仙丹妙药，还不及凡夫俗子"。

事有凑巧，那天北街死了一个人，棺材从大街抬过，吕纯阳挤了过去，拦住抬棺材的人说："大家歇下来，我帮你们医活死人。"孝子走过来说："对不起，郎中先生，我父亲已经死了三天，怎么还能医得活？用不着你先生多费心思了。"吕纯阳说："我一定能医活。如果医不活你父亲，可以砸掉我的招牌，还赔你一万两银子，再定我开棺见尸之罪。"

大家见吕纯阳说得正儿八经，就叫他当场写下保证书，并由街坊地保作证人。于是马上当街搭起凉棚，开棺出尸。吕纯阳不慌不忙，从葫芦里倒出一颗丸药，用水化开，轻轻撬开死人牙关，用竹管慢慢灌落去。只一歇歇功夫，见死人左眼张开，左手左脚都动了起来，分明已救活了一半。吕纯阳说："我已救活了一半，还有另一半要请这位叶先生帮个忙，费个心。"

叶天士心里"别搭"一跳，心想："他一定是神仙了。这世界上哪里有医活死人的药？他叫我医另一半，分明是要拆我的台，叫我当众出丑。"叶天士再仔细一想，说："好！医就医！"叶天士伸手摸出一颗自己用的人参再造丸，剥掉蜡封，故意失手将药丸掉在了地上。他东寻西找，旁边人都指着丸药："在这里！在这里！"那颗丸药有桂圆大小，叶天士张大眼睛装作看不见，还在东找西找。吕纯阳急着要倒叶天士的霉，在一旁看得不耐烦，便代他俯身将药丸拾了起来，说："叶先生的眼睛，怎么这么大的丸药也看不见？"说完，便将药丸递给了叶天士。叶天士拱一拱手说："多谢先生！"他立刻接过丸药，用水化开，慢慢地灌进死尸的嘴里，不到一歇歇工夫，只见这个半死人吐出一口痰，说："我肚皮饿煞了。"他真的活转过来了。看热闹的人都高声欢笑起来。这时候，吕纯阳才猛然醒悟，自己不该去拾这颗丸药。他这一拾，手上的仙气便沾在那丸药上了。但事已至此，吕纯阳也只有认输，离开了苏州。

①叶天士，江苏吴县人，清代著名医学家。

讲述者：唐兴荣，原博陆乡东前溪村农民。

吕纯阳汏鬏

吕纯阳在塘栖一爿酱园里做伙计。有一天，他在河埠头汏①鬏，酒鬏在他手里像一只只布袋袋一样，一只只里朝外翻转来，汏得清清爽爽。

这时，有一个大伯摇只小船从河埠头经过，看见他汏鬏会里外翻转来汏，便大声喊道："真奇怪，这个人汏鬏会翻转来汏！"河埠头的人都回过头来看。刚好酱园老板到河埠头来看船，正好也给他看见了，便连忙请吕纯阳回到屋里，对吕纯阳说："你一定是神仙，请你引渡引渡我，我愿意舍家弃业，跟你成仙去。"

吕纯阳想我的身份已经给凡人识破，只好远走高飞了。于是对老板说："你想要成仙就跟我来吧，但一定要做到我叫你做啥你就做啥。""好，我听你的！"吕纯阳带了老板来到塘栖长桥上，他用纸折了一只小纸船甩落在桥下河里，叫老板跳下去。老板心里怕得要命，二次三次勿敢跳。吕纯阳说："你勿去，我一个人去了。"说完就从长桥上跳下河去，一阵轻风，纸船化作一艘帆船，二道风篷撑起，顺风顺水向西而去，不多时就不见影子了。老板还浑沌沌立在桥上呆看。

①汏：土话，洗的意思。

讲述者：宋彩堂，原博陆乡新圩村农民。

吕纯阳卖汤圆

塘栖朝北塘路上有个老头摆了个汤圆摊，他卖的汤圆跟别人两样，大汤圆一个铜钿一只，小汤圆要五个铜钿一只。因此，大家只买大汤圆，不买小汤圆。一天，一份①大户人家的丫头抱了小少爷到塘上来玩白相，小少爷吵着要吃小汤圆。丫头没法，只好用五个铜钿买了个小汤圆给小少爷吃了。不料一连几天，小少爷连饭也勿要吃。东家骂丫头，丫头闷声勿响，抱了小少爷到塘上寻着摆汤圆摊的老头，责骂老头汤圆里裹了什么东西，害得小少爷勿吃饭，害得自己听骂声。老头笑笑说："勿要紧，勿要紧，抱过来我看看。"老头抱过小少爷，手指头在肚皮上一揿，小少爷嘴巴一张，一颗汤圆骨碌碌滚了出来。丫头随手一撩，将汤圆甩落到河里，碰巧给河里一条鲶鱼一口吞下。汤圆摊老头送还小少爷，挑起摊头，哈哈大笑，从朝北塘路上走了。走了没几步，一阵清风吹过，人和摊头无影无踪。大家抬头，只看见云头里有一个人，道士打扮，手拿拂帚升天而去，这时才晓得汤圆摊老头是吕纯阳吕洞宾。

再说鲶鱼吃了汤圆，顷刻之间大了起来，它竭尽力气游，要游出小港小河，到大江大河去，后来游到五杭的唐金漾，才算落脚安身。有时高兴起来，鲶鱼将两根须翘起来，远远看去，好像二根大船的桅杆。

①一份：土话，这里是一户的意思。

讲述者：宋彩堂，原博陆乡新圩村农民。

刘伯温是怎样做军师的

　　从前，刘伯温的家境并不富裕。一天，他和村里其他人到一家大户人家去做帮工，干的活是用船捻河泥作肥料用。另外的人早就开船走了，只有刘伯温一个人在河港里慢慢划着船。这时，伊看见一个年轻女子在河里捻河泥，刘伯温向她打听路线，女子问："你去干什么？"刘伯温说："去帮人家捻河泥。"女子说："我丈夫也正到外面去叫帮工捻河泥，如果你高兴的话，就留在这里捻河泥吧。"刘伯温想，反正到哪里都是捻河泥，便答应留下来帮她捻河泥。第二天，刘伯温问她："你丈夫去叫人捻河泥，怎么到现在没有回来？"女子回答说："我丈夫这个人游手好闲，说是去叫人捻河泥，也不知跑到什么地方去玩了，以前有时出去，要个把月才回来呢。"

　　就这样，刘伯温在这里住了下来，天天帮这个女子捻河泥，并和这个女子发生了关系。这天，刘伯温要到街上去白相，女子对他讲如果在街上遇到算命先生时必须避开，刘伯温答应了。刘伯温来到街上，逛了一圈，果然看到一个算命先生的眼睛正在朝着他看。刘伯温转身便想跑开，算命先生大声对他说："不好了，不好了，你这位先生快要死了！"刘伯温一听，火冒三丈，走到算命先生面前要同他评理。算命先生告诉他："你来这里帮一个女子捻河泥，住在她家里已有四十五天，你知不知道这个女子是只狐狸精，等到了七七四十九天时，你的血就要被她吸完。如果你不信，今天夜里你假装睡觉，等到五更时分，你会看见女子嘴里有一颗珠丹吐进吐出。你可一把将珠丹抓住，放进自己嘴里，无论怎样也不要张嘴，到天明她就无用了。"

刘伯温听了算命先生的话有点半信半疑，可是这天晚上发生的事情与算命先生说的完全一模一样。当刘伯温看到女子嘴里一颗珠丹吐进吐出时，便一把抢过珠丹放进自己嘴里，紧闭嘴巴，始终不张嘴。狐狸精一看，今天要死在他手里了，便对刘伯温说："看在几天夫妻的份上，明天天亮后，你可到房前的二棵大树下，把树根扒开，里面两碗水，你可用两手在碗里沾上水，同时擦一下两眼……"没等讲完，狐狸精就死了。

第二天一早，刘伯温走到门外一看，原来有一座坟墓，坟前有二棵树。刘伯温用锄头扒开树根一看，果然有两碗水。刘伯温心想，大概狐狸精要害他，想让他双眼失明。于是他便用一只手沾一点水，在一只眼睛上擦一下作试验。不料水刚沾上眼睛，就能看到地下三尺三。正当他准备擦第二只眼睛时，另一只碗里水干了。原来如果用另一碗水擦另一只眼睛，眼睛就能看到天上三尺三。刘伯温有了这样的本领，后来在朱元璋身边当了军师。

讲述者：宋有法，原五杭乡农民。

刘伯温设计为民造桥的故事

相传朱元璋的军师刘伯温一次随朱元璋到江南私访。刘伯温来到临平山上，朝北看到五杭东北方向有一条河。这条河上有一个渡口，名叫黄家渡，由于渡口来往人多，经常出现翻船事故，伤害人命。刘伯温看了看这个渡口的地形，便想出一条计策，要造一座桥为民造福。第二天，他来到黄家渡，说在渡口北面的地下埋下了两缸金银，还留下了一句话："谁想要得金银，谁就先要在黄家渡造一座桥。"

到清朝道光年间，在黄家渡（现黄家桥村）有个叫徐凤士的地保，他想起前人刘伯温说过的话，出钱在渡口造起了一桥，取名"新福桥"。刘伯温说过的在渡口北面地下曾埋下两缸金银，但至今没有人找到。或许刘伯温根本就没有埋下金银，只不过是他设下的计谋。但造了这座桥确实给当地百姓带来了方便，其价值不能用金银和钱财来衡量了。

讲述者：周寿林，原五杭乡农民。

沈万山打鱼得宝

在临平山北住着一个渔夫，名字叫沈万山。他祖辈以打鱼为生，小时候家境贫寒，后来跟随父亲学习打鱼。沈万山十分勤劳，天天出去打鱼，经常一早出去，摸黑才回家。但常常是大鱼不进网，小鱼也打不到几条，家里有时穷得揭不开锅，老母和妻子只得靠采些野菜艰难度日。

有一天，沈万山跑了十来里路，来到临平湖里捕鱼。他打了一网又一网，还是没有什么有斤两的鱼。当他打到最后一网，在拉网上岸时感到有些沉重，他心里十分高兴，心想一定是条大鱼了。可是等把鱼网拉上岸，仍然不见鱼在欢跳，只有一只轻薄陈旧的破碗，沈万山随手把它扔回湖里。可是，那只破碗却没有沉下去，仍然漂浮在水面，而且慢慢靠近他。他想，这只破碗还是有用的，可以拿回去当鸡食盆。

沈万山回到家后，叫他老婆把这只盆子拿去给鸡喂食。可哪里知道，当他老婆把一些鸡食放到盆里喂了几天后，发现那几只原先饿得不大会长的老母鸡，顿时长胖了不少，蛋也生得多了。而且盆里的鸡食总是吃不完，不过全家都没有注意到这个情况。

那年除夕夜，沈万山家也凑了几个菜，对祖宗拜年辞岁，祈祷上天保佑来年多捕鱼。他老婆在灶台洗好碗筷后，准备打水洗脸洗手，便将头上插的一支银钗放在灶头上。可是一不小心，银钗掉落到鸡食盆里，万山娘心痛地弯腰拾起。可当她拾起那支银钗后一看，鸡食盆里又出现了一支银钗。再拾起来，一看盆子里还是有一支。她连忙去告诉沈万山，沈万山一看果真如此，心中大喜，原来家里捡到了一只聚宝盆。沈万山把这只鸡食盆擦拭得干干净净，放在灶台上供了起来。沈万山又拿出一块银元放了进去，照样拿了一块碗里还有一块。那晚上，全家欢乐无比，老母亲叫万山以后一定要济苦济贫，乐善好施。

第二年，沈万山照常打鱼度日，靠了这个盆子日日有鱼，年年有余，积起了不少财产。后来在现在亭趾叫花园的这个地方盖起了楼房，成为当地有名的富翁。沈万山心地善良，富起来后，经常施舍济贫，深得当地百姓爱戴，大家都称他为沈大善人。

但是好景不长，那年朝廷奸臣当权，地方上兵荒马乱。临平山北是一条官路，经常有兵马来往。那天，一队官兵走到花园附近，老天突然下起瓢泼大雨，官兵们躲进了沈万山的大房子里。临走时，沈万山见他们淋得浑身湿透，就拿了几把雨伞给他们，但是兵多伞少，大家都争着要伞。于是沈万山拿出聚宝盆，将伞插在盆中，从盆中拔了一把又一把雨伞，每个士兵都拿到了一把雨伞，将军士兵都乐开了怀。

这件事一传十，十传百，后来被官府知道了，认定沈万山私藏国宝，将沈万山充军到边关。沈万山被充军走的那一天，乡亲们都赶来送行。那些受过他救济的乡邻更是依依不舍，盼望沈善人早点回来。这时有人问他什么时候回来，沈万山看着黑沉沉的天，信口说了一句："年年四月天，白银铺地时"，就过长桥而去。

果然，第二年，亭趾农村五谷丰登，桑茂蚕旺，老百姓都过上了好日子。但是，沈万山却再也没有回来，不久，他的老母亲和妻子也相继过世。只有他家后门的石桥板上留下两条深深的车辙印，大家都传说，那就是神仙沈万山为乡亲们送金银财宝的车轮路痕。

讲述者：许建章，原亭趾乡褚家坝村农民。

徐凤士的恩公帽

清朝道光年间，在黄家渡（现黄家桥村）有个叫徐凤士的地保，专为杭州府衙门征收皇粮，每月十六去杭州府交粮。

有一次，到杭州后，他在茅坑里拉屎，看见旁边有一张纸条，拾起一看，是一张银票。徐凤士看了这张银票后，心想这张银票可能是一个做生意人丢的，伊丢了这张银票，弄得不好，一时想不开，会出事的，这样一想，徐凤士便在茅坑外头等失主前来认领。

一直等了约三个时辰，只见一个中年人急冲冲来到茅坑边，东寻来西寻去，在寻找什么东西。徐凤士一看，便心里有数了，经过一番了解，才知道失主是杭州官府吴老爷典当店的伙计，在拉屎时遗失了这张银票。经过核实后，徐凤士把银票还给了他。伙计十分感动，便拉徐凤士到酒店里吃酒。酒过三杯后，另一个伙计来报："吴老爷来了！"徐凤士被伙计拉到里屋藏了起来。但吴老爷早已看见，伊问伙计，刚刚同你吃酒的人是谁？伙计没有办法，只得把事情的来龙去脉告诉了吴老爷。吴老爷也很感激，要把拾到的那张银票送给徐凤士，还拉他一起吃酒，可徐凤士说什么也不肯要银票。吴老爷没有办法，便把徐凤士的凉帽拿过来，写上了"恩公帽"三个字，还印上了自己的章。他告诉徐凤士，如果有什么困难，你就拿出这顶帽子，会帮助你解决难题。吴老爷还与徐凤士三拜结交兄弟。

讲述者：黄松法，原五杭乡黄家桥村农民。

徐凤士与新福桥

徐凤士拾银票归还失主，吴老爷送"恩公帽"，徐凤士的名声传遍了方圆百里。

这天，塘栖油车老板和卖石料的老板闹起了纠纷，油车老板造房子多占石铺老板三尺地面。但因油车老板是杭州官府吴老爷的朋友，石铺老板明明吃了亏，却吭不胆子与伊打官司。

有一天，石铺老板在茶店吃茶，几个上年纪的人对他说："你想要打官司，只有去请五杭黄家渡的徐凤士。"石铺老板一听，便马上叫伙计到黄家渡请徐凤士。到徐凤士家里一问，知道徐凤士到田里做生活去了。当到地里找到徐凤士时，一看他穿的是麻布上衣、破短裤一条，心里就凉了一截：像这种人，塘栖有的是。但老板要叫他来请，所以他把老板的原话转告了徐凤士。徐凤士一听，说："好！那我六月初三来塘栖。"到了六月初三，徐凤士来到塘栖。一上岸，不久便看到长桥西边来了一只官船。官船里吴老爷一看是徐凤士，便对他说，"这点小事你处理好了，我回去了。"在场的人一看，都惊呆了，油车老板和卖石料的老板更加摸不着头脑。后来，经过一翻调解，油车老板愿意退出三尺地面，双方重归于好。

石铺老板为了感谢徐凤士，要送他 300 两白银。徐凤士一两也不拿。后来，石铺老板亲自来到黄家渡感谢徐凤士，他察看了地形，筹款建造了一座七孔石桥，桥横跨黄家渡，取名"新福桥"，为当地百姓的出行带来了方便。

讲述者：徐子昌，原五杭乡农民。

恩公帽救蚕宝宝

道光年间，新福村有三个人到杭州去买桑叶喂蚕宝宝。那一年桑叶少价格贵，而且价格还在每天上涨。这三个人来到杭州桑叶市场，一问价格，自己带来的钱只够买三分之一桑叶，如果只买这一点桑叶回去，蚕宝宝就要饿死好多。桑叶装好船后，买家恳求东家，能否将桑叶多装一点回去，下一次来买桑叶时再来算账，但东家死活不肯答应。这三个人急得眼泪水都快流下来了。

正巧，徐凤士到杭州府交皇粮路过这里，看到这个情况，他便对东家讲，拿我的凉帽典在这里可以吗？东家一看凉帽上"恩公帽"三个字，还印有杭州知府老爷的章，立刻改变了态度，马上给船装满了桑叶，并对这三个人讲："快开船，快开船，救蚕宝宝要紧。"

由于徐凤士的"恩公帽"，新福村农家的蚕宝宝及时吃上了杭州买来的桑叶，这一年的蚕茧获得了丰收。

讲述者：顾建福，原五杭乡农民。

73

徐凤士斗地保

清道光年间，长春村有一户贫苦人家，养了一条家狗。这条狗看见有生人走到他家门口，便会发出汪汪叫声，表示自卫，如果你再朝前走，它就会上前来咬你。

这天，村上有个地保家的一头猪逃了出来，走到这户人家门口，猪被看家狗咬死了。地保告这户人家一定要赔伊一头猪，勿赔的话，便要打伊一家人。这户穷苦人家实在没有钱赔猪，只好找到徐凤士求助。

于是徐凤士就跟这个恶地保打了一场官司。在衙门大堂上，徐凤士对官老爷讲，猪是有主人的，而且猪圈是有棚栏围起来的，猪怎么会逃出来呢？狗虽然有主人，但养狗主要是为了护家。这头猪是它自己跑到农户家门口的，是被狗自卫而咬死的，我看猪死了也是白死。官老爷也知道徐凤士与吴老爷的关系，便判决猪被狗咬是白咬，被咬死也得白死。地保只得闷闷不乐地回去，把猪肉烧烧吃了。徐凤士的一句话，救活了一家人的性命。

讲述者：顾建福，原五杭乡农民。

铁拐李惩罚徐恶户

宋朝末年，在我们五杭徐家湾有户姓徐的大户人家，家有良田千亩，算得上富贵人家。不过，这户人家不但不救济穷人，反而专做恶事，常常强抢良家妇女。如果有娶亲的花船经过他家门前的河道，他就会去把新娘子抢过来，同他睡一夜。之后，新娘子不是死了，就是被卖了。所以村坊上的人都叫他徐恶户，大家真恨死了他。

有一天，神仙铁拐李路过徐家湾，听说这个徐恶户是这样无法无天，便打扮成一个讨饭的，来到了徐家门口对徐恶户说："靠天靠地靠菩萨。"徐恶户一听，心想我这样一户人家，还靠什么天地与菩萨，便对讨饭的说："我不靠天，不靠地，也不靠菩萨，大水自有水沟排，旱灾自有牛打水。"说完，不但不给钱，还要赶走这个讨饭佬。

可讨饭佬硬是不走，说要强讨。徐恶户拿起一根木棍打过去，正巧打在讨饭佬的头上，讨饭佬应声倒在门槛边上。这时，只见一个个讨饭的从天而降，在徐家放起火来。徐恶户一看不对，知道讨饭的是个神仙。他看到全家老小都安全逃出，便跪在地上，拜天恳求说："靠天靠地靠菩萨。"谁知道被他打昏的讨饭佬忽然站了起来，对徐恶户说："现在来不及了。"徐恶户听到了这句话，又看到自家的房屋快被烧成灰烬，便一头跳下了徐家河。

讲述者：宋洪炳，原五杭乡圣塘河村农民。

铁拐李服输

八仙当中的铁拐李，一次下凡来到一条大河边。他看到有好几个渔民在修竹箔①，修好后，又在上面加高了一尺多。铁拐李一算，今年的大水一定不会到这个程度，便和这几个渔民打赌，决一输赢。

第二天，铁拐李回到天庭，把和渔民打赌的事告诉了玉帝，玉帝一查，不错，今年雨确实要下到渔民说的那个程度。但是，铁拐李为了在凡人面前摆摆神仙架子，要求玉帝将雨水减少一半。到了这一天，玉帝命令午时三刻下一场雷雨。

第二天，铁拐李回到凡间，看到这几个渔民正在拆加高的一段竹箔。铁拐李问："你们为啥要拆？"一个渔民告诉他，有一句谚语："午时三刻一场雷，大水减一半。"铁拐李听了，觉得自己的本领还真及不来这几个渔民。

①竹箔：一种鱼栅。外荡养鱼常用竹片编成竹帘，用固定在水底的竹桩夹住，防止逃鱼，并装有箔门，便于船舶通行。

讲述者：胡冬祥，原五杭乡道墩坝村农民。

徐文长写诗警菩萨

相传徐文长①一次外出游山玩水，来到一座寺院，看到香火断绝，寺塌墙倒，便写了一首诗："四周墙坍壁倒，中间香炉青草，橡子根根倒挂，菩萨快要倒灶。"菩萨听了徐文长这首诗，觉得也对，应该显显灵了。

一年后，徐文长出去游玩，又来到这个寺院，看到香客众多，香火兴旺，便四处打听缘故。人们都说："现在寺院里的菩萨，求财有财，求子有子，但只有花钱多才灵光。"徐文长听了后，心想，原来这个菩萨是为钱而显灵的，于是他又写了一首诗："四周风火包墙，中间香炉万年，身上龙袍金装，有钱无钱两样。"菩萨听了，觉得很对，从此菩萨对穷人、富人一样对待了。

①徐渭，绍兴府山阴（今浙江绍兴）人。初字文清，后改字文长。明代著名文学家、书画家、戏曲家、军事家。

讲述者：胡圣祥，原五杭乡道墩坝村农民。

渡　女

　　古运河离杭州不远的地段上，有一只渡船，摇渡船的，是一对父女。这天，父亲去亲戚家，渡口只剩姑娘一人。

　　这时，一位秀才来乘渡船。秀才一上船，看到姑娘眉清目秀，心里起了邪念，他对姑娘说："我们对个联怎么样？我出上联，你对下联。如果你对中了，我加百倍的船钱给你。如果你对不上，哈哈！唐伯虎痴情点秋香，你嫁给我。"姑娘笑着点点头，秀才就出了上联："鳅短鳝长鳄喷口"，姑娘听在耳里，恨在心里，想今朝要好好教训一下这个臭秀才，便脱口说："龟圆鳖扁蟹无肠。"秀才听了，吓了一跳。被迫又出了上联："红墙红瓦泥佛庙开徒自到，"姑娘这时又很快地对出了下联："木船木橹竹篙船停秀才罚。"秀才一听，红着脸，只得按百倍的价付了船费。

　　讲述者：蔡祥根，原五杭乡唐公村农民。

王阿四写招牌

相传五杭唐公村有一个名叫王阿四的人，能写一手好字。

有一天，他到塘栖去买香，正巧遇上崇裕丝厂落成典礼。老板用重金请来了许多著名的书法家。因招牌很大，没有一个人写的字合老板的心意。这天王阿四到塘栖后，心里好奇，走到了这个厂的门口，看见许多人在看一个书法家写厂名，便随口讲了一句："这几个字我用只破蒲鞋随手写写还要好。"在场的人听了这个乡下人讲大话，都笑了。但这个老板却不一样，像宾客一样请王阿四写写看。王阿四叫人磨好墨，拿了脚上的破蒲鞋写了"崇裕丝厂"四个大字。等架子全部拆光，才发现"崇"字的"宗"上面少了一点，王阿四听了笑了笑，说："一点还早呢。"说着便随手用破蒲鞋在墨汁上点了点，用力朝崇字上掷了过去，不偏不倚，正好落在崇字一点的位置上。从此王阿四的书法名气便传遍了塘栖。

讲述者：尤胜，原五杭乡干部。

阿八救戏

相传明朝时，五杭有一班鼓手到京城给当今皇上唱戏。由于心慌意乱，鼓手阿八把唱词忘了。可如果唱不下去，将有欺君之罪，在场的人急得心里直跳。这时，阿八急中生智，唱了下去，他唱道："金登桥，玉露，广通桥，五杭万寿高桥造得高。"这里的金登桥是五杭鳑鲏桥，玉露桥是五杭车桥，广通桥是五杭庙桥，万寿高桥是五杭高桥。唱的虽然是五杭的几座桥，唱词却十分应景，引得观众阵阵喝彩。

讲述者：张有根，原五杭乡农民。

聪明的巧姑

　　从前有位姓石的老头，他有四个儿子，除了小儿子在外地读书外，其他三个儿子都已有妻室，房房都有儿女。有一天石老头对三个媳妇说："你们三人都到娘家做一趟客人，大媳妇去介①半个月回来，带点纸包火回来；二房媳妇去介七八天回来，带个红心萝卜回来；三房媳妇去介三五天回来，带点没脚台面回来。你们今朝就动身，要同去同来，我叫你们带的东西千万勿要忘记。"

　　三个媳妇感到十分为难，却又不敢多问，只好打打包裹动身回娘家。她们来到三岔路口就要分手时，想想公公如此为难她们，三人就大哭起来。哭声惊动了路边一家肉店，屠夫和他女儿巧姑出于好奇，走过去问个究竟。三个媳妇就把公公要她们做的事情详细地告诉了屠夫和他的女儿巧姑。屠夫听了也觉得确实难，一时也呒主意，可是他女儿巧姑却说："这有啥个难呢？"她先对大媳妇说："半个月就是十五天，纸包火就是灯笼。"说完又对二媳妇说："七八天么就是七天加八天也是十五天，红心萝卜就是蛋。"最后再对三媳妇说："你这三五天么，就是三天乘五天仍旧是十五天，呒脚台面就是一块豆腐。你们在娘家都住十五天，各人把我说的东西带回去就是了。"三个媳妇听后顿时破涕为笑，向屠夫和巧姑道了谢，大家便各自回娘家去了。

　　十五天后，三个媳妇一同回来见公公。石老头一看不错，三个媳妇都是同一天回来，带回来的东西也一样勿错。可是又一想，自己家的这三个媳妇平时呒得介②聪明，今朝怎么一下子变得介聪明了呢？一定是有人教她们的，于是问媳妇们："是谁教你们的？"三个媳妇一看公公已经知道了，只好把三岔路口遇到巧姑的事说了一遍。

石老头早就听说屠夫有个聪明女儿，耳听为虚，眼见为实，他决定亲自上门去访访。于是石老头来到肉铺，这天屠夫恰好没有在家里，只有巧姑守肉铺。石老头就问："你就是巧姑吧？我来买三样东西。"巧姑看着这古怪的老头说："阿拉是肉店，只有猪身上的东西，另外东西呒得个。""好！我就买猪身上的东西，这第一样是皮贴皮；第二样是皮打皮；第三样是肉里肉。"巧姑听了，一息息功夫就把三样东西包好交给石老头，石老头一看正是这三样：一只猪耳朵、一根猪尾巴、一只猪肚子，他不由得暗暗称赞巧姑聪明。回去以后就托人做媒，要巧姑做他的第四房儿媳妇。后来，屠夫和巧姑同意了。不久，巧姑便与石老头的四儿子拜堂成了亲。

巧姑一过门，石老头就想，自己年纪大了，心想让巧姑来当这个家，但又怕另外几个媳妇不满。他想了个办法，把四个媳妇叫到跟前，对她们说："我年纪大了，想叫你们来当这个家。今天要在你们四个人中立一个当家人。现在叫你们做两件事，第一件事是用两种米烧七样饭，第二件事是用两种菜烧十样菜，啥人做得好啥人来当家。现在你们各人去做，日中见分晓。"

到了吃午饭时，大媳妇、二媳妇、三媳妇都做勿出来，只有小媳妇巧姑做出来了，她做的是一碗绿豆饭、一碗韭菜炒蛋。石老头见了连连点头，可是另外三个媳妇不服气，明明只有一碗饭、一碗菜呀？巧姑不慌不忙地说："绿（六）豆加米烧的饭，不是七样饭吗？韭菜（九）加蛋炒的菜不是十样菜了吗？"从此，巧姑成了石家的当家人。

巧姑巧姑真个巧，自从当家以来，里里外外样样事体都办得井井有条，十分周到。石老头看看自家这人丁兴旺的一家门，不免高兴万分。为了夸耀门庭，他在自家大门上立了一块匾牌，上面写着"万事不求人"五个金光闪闪的大字。后来，这件事一传十，十传百，结果传到了周知县的耳朵里。他勃然大怒，心想一个小小平民百姓，竟敢目无官府，自立匾牌，这还了得，他将石老头叫到衙门，对石老头说："你家既可称万事不求人，那我今天要你在半个月内办好三件事来见本官。第一件是公牛胎，第二件是油垫海，第三件是布遮天。这三件事只要有一件做勿到，就要你石老头敲碎匾牌，还要坐监牢。"

这可急坏了石老头，他恨自己立了那块该死的匾牌招来了横祸。老头日不思食，夜不思眠。巧姑得知后，劝公公不必当回事，说："有什么好担心呀！十五天后，由我巧姑去见官好了。"石老头虽知巧姑聪明，但总放心不下，事到如今，也只好随伊去了。

半月后，周知县带了衙役打手上门来了，巧姑出来见了县老爷。周知县喝道："你是什么人？"巧姑说："我是石公公的儿媳妇。"县老爷说："快叫你公公石老头出来答话。"巧姑回答说："我家公公正在生产，不便见人。""胡说，哪有男人会生产的？分明是不敢来见我。"巧姑说："既然老爷晓得男人不会生产，那么，哪里来的公牛胎呢？""这……这……这……好，算你嘴犟，我老爷不同你计较，那你家垫海的油准备好了吗？"巧姑回答说："准备好了，不知还差勿差，请你老爷先用斗把海水舀干，才能晓得要多少斗油？""嗯……嗯……嗯……"周知县头冒冷汗，心想真是好厉害的姑娘！"那这遮天布可有没有织好呀？"巧姑回答："织倒已经织好了，不过先请你老爷用尺把天量一量，从东到西、从南到北天究竟有多少尺，等你把天量好后，我们再把布拿出来给你。"

周知县无言可答，只得带着来的人灰溜溜地走了。据说，石老头家的那块匾挂了好几代呢，这"万事不求人"的故事也就一直流传了下来。

①介：土话，这里是语气词。②介：土话，这样的意思。呒得介聪明，就是没有这样聪明。

讲述者：毕兴泉，原亭趾乡费庄村农民。

骑马哥

从前，有一个种田人在种田，塘路上一个骑马的人路过，问种田人："种田哥，种田哥！种了一日几千几百棵？"种田人呆起，回答勿出来。停了一会，骑马人走了。种田人回到屋里，对老婆说："我今朝种田，塘路上一个骑马的人走过，问我种田一日种了几千几百棵？你看叫我那介问答得出，我一响勿响，他径自去了。"老婆说："他明朝如果回转来再问你咧，你就这样说，骑马哥！骑马哥！你骑了一日几千几百步？"

第二天，骑马人果然又来了，问种田人："种田哥！种田哥！种了一日几千几百棵？"种田人马上反问骑马人："骑马哥！骑马哥！你一日骑了几千几百步？"骑马人说："你昨日回答勿出，今朝介灵光，一定有人教你的。"种田人是个老实头菩萨①，说："是老婆教我的。""喔，你老婆介灵光，我想去见见她，不知你意下如何？"种田人说："可以呀，你随我来！"

骑马人到了种田人屋里，下了马，在屋檐下一只脚跨在马背上，一只脚踏在地上，问："大嫂，你晓得我是上马还是落马？"种田人老婆反应很快，马上把一只脚放在门槛外面，另一只脚落在门槛里面，问骑马哥："你晓得我是进门槛还是出门槛？"骑马人听了，面似土色，心想我一个堂堂男人，还不及一个乡下妇女，于是就灰溜溜地走了。

①老实头菩萨：土话，是老实人的意思。

讲述者：宋彩堂，原博陆乡新圩村农民。

丈人做寿

丈人做寿，四个女婿都来拜寿吃酒。丈人说，今朝吃酒要说最快的事，说得出有酒吃，说勿出没得吃。丈人看重三个有财有势的女婿，看不起捏锄头柄的小女婿，才想这个办法来出小女婿的洋相。

大女婿讲：射箭射墙头，骑马到杭州，杭州回转，箭还勿着墙头。

二女婿讲：白炭火上煨鹅毛，骑马到余姚，余姚回转，鹅毛还勿焦。

三女婿讲：水面上漂银针，骑马到南京，南京回转，银针还勿沉。

四女婿想，你戳我一枪，我还你一刀，今朝对个噱课，出出你丈人老头的洋相，就说：丈母娘放个屁，骑马到诸暨，诸暨回转，屁眼还勿闭。

讲述者：宋彩堂，原博陆乡新圩村农民。

吃圆子

从前，有份大户人家有三叔三伯姆，大娘、二婶家里很富，看勿起三婶，当伊毒头看。

有一年过"冬节"，家里做圆子，圆子要做莫佬佬①。大娘对二婶说："今朝牵磨叫三婶牵。"二婶巴不得。三婶牵磨牵煞快②，心想：我牵么牵煞快，吃么没得吃。糯米粉用磨子牵好后，三叔伯姆忙着做圆子。

圆子上锅子蒸熟后，大娘对二婶说："今朝圆子慢点吃，要行好令再吃。"两位婶婶答应说："好！"大娘先行令，说："甲子乙丑海中金，拿个圆子尝尝新。"说完，拿起一个圆子就吃了起来。轮到二婶行令，二婶说："丙寅丁卯炉中火，大娘吃了轮到吾。"说完，二婶也吃了一个圆子。轮到三婶行令，三婶接着说："六十花甲还勿到，一蒸圆子我来倒。"说罢，把满蒸架圆子掇了就走。

大娘、二婶弄得木登登③，只好让三婶把蒸好的圆子全部拿走了。

①莫佬佬：土话，很多的意思。
②牵煞快：土话，牵磨牵得很累的意思
③木登登：土话，发呆的意思。

讲述者：宋彩堂，原博陆乡新圩村农民。

毒头摸屁

有个毒头在田畈里白相，走到一个盛放羊垃圾的潭边，放了个屁。他想，屁脱落到潭里了，便赤了脚卷起袖子到潭里去摸屁。

这时，有个过路人问他摸什么啊，毒头勿响。过路人当他在摸贵重东西，也赤脚卷袖到潭里去摸。

这个过路人摸了好长时间，时节又正是腊月，手指头冻得火红，向嘴里哈哈热气。毒头见了，拳头乱打过去，弄得过路人莫名其妙，他责问："侬为啥打我？"毒头说："刚才我有个屁落到了潭里，我摸了长远还呒不摸到，你到摸来吃掉了，我自然要打你呀！"一边说，一边又拳打脚踢。过路人见这个人是个毒头，只得自认晦气，拔腿就走。

讲述者：宋彩堂，原博陆乡新圩村农民。

聪明秀才

清朝乾隆年间，乾隆皇帝下江南来到杭州。有一天，乾隆皇帝出去游玩，看到有一个人大伏六月天在桥上晒太阳。乾隆皇帝莫名奇妙，问他为啥六月里晒太阳。这个人回答说："我是杭州秀才吴雪年，因肚子中的字要发霉了，所以到外面晒晒太阳。"乾隆皇帝一打听，吴雪年的文才确实是不错的，便叫他讲一个"大"字，就这么一个"大"字，吴雪年就讲了好几天。乾隆皇帝心里想："像这种迂腐之人留在世上，我大清江山岂能牢固。"但乾隆皇帝嘴里却讲得很客气："识字不多，用字不错。"为了找借口杀了他，乾隆皇帝便邀吴雪年同游杭州城。

他们来到一个做竹器的作坊，皇帝看着师傅劈下来的篾青、篾黄，问吴雪年这是啥东西。吴雪年知道皇帝在找他晦气，如果说是篾青、篾黄，皇帝好借口说他要灭清灭皇，便可将他杀了。吴雪年想了一下，便对皇帝说："这是竹皮、竹肉。"皇帝找不到借口，只好作罢。

过了几天，乾隆皇帝要回京了，大小官员都给皇帝送金银财宝。吴雪年想，当今皇上什么都不缺，便叫木工做了一只木桶，种上一棵万年青送给皇上。这正合皇上心意，皇上收下万年青，把文武百官送的金银财宝全都送给了吴雪年，从此吴雪年便成了杭州大财主。

讲述者：郭祥根，原五杭乡农民。

秀才救将军

明朝嘉靖年间，五杭北水渭村上有一个姓张的人，伊上懂天文，下懂地理，还会诗作画，可以说样样精通。在一次乡试中，考官出了一道题："世上有无六尺秧。"这个姓张的人答道："天下难寻七尺脚。"所以考中了秀才，人称张秀才，方圆百里都很有名。

当时杭州有个将军，父母要做寿材，因此砍了两棵梓树运回家。梓树在当时被称为百木之王，因为梓树结果后，树冠就像是帝王头戴的有流苏的琉璃冠，看起来好像是一位高大威严的帝王，因此梓树有树王之称。将军砍伐梓树后，有人就上京告状，如果告中的话，将军就要人头落地，家破人亡，将军急得像热锅上的蚂蚁。

将军的军师听说张秀才很聪明，便叫张秀才想想法子。军师带着将军来到北水渭，求见张秀才。张秀才已知将军的来意，便回避在里屋，让家人说张秀才出远门去了。将军留下二百两银子，并告诉家人过七天后再来，务必请张秀才在家等他。

过了七天，将军又来到张家，秀才还没有回来。将军问家人，张秀才出远门做什么去了。家人告诉他，张秀才要雕刻两块子龙牌，送给当今皇上，但寻了这么多天，始终寻不到两棵梓树。将军听后恍然大悟，留下二百两银子，感谢张秀才救命之恩。回到杭州，他立刻请来师傅，用梓树雕刻了两块子龙牌，面呈皇上。皇上非但没有怪罪将军，反而把他连升了三级。

讲述者：胡生泉，原五杭乡农民。

来生问路

来生摇了只船到小麻里去买桑叶。摇啊摇，摇到三岔河口，不认得路了。看见岸边有人在地里削草，来生就问："嗨！到小麻里朝哪里去啊？"削草人抬起头来，看看这个年轻人，慢吞吞地说："落北上南，推艄过东就到了。"

来生问完，就将船叽叽咕咕地照削草人说的方向摇，可是摇了半天，连村坊影子也没有看见。又来到一个三岔河口，又不认得路了。一想家里的蚕宝宝在等桑叶吃哩，心里真着急。于是不住地东张西望，哈，又看见岸边这个在地里削草的人，连忙叫喊："阿哥！到小麻里朝哪里走呀？"

削草人抬起头来，微微一笑："你老早叫声阿哥，老早就到了。"来生听了，四面看看，啊哟！原来摇了半天绕了一个大圈圈，仍旧回到了老地方。唉！谁叫自己问路没礼貌，惹得人家生气呢。

讲述者：宋彩堂，原博陆乡新圩村农民。

汗淋与翰林

明朝嘉靖年间，有一个村坊上出了一个天资聪慧、自幼好学、才思出众的神童。伊还不到成人年龄，就去上京赴考。主考官很赏识他的文才，便向皇上举荐，皇上即召他进宫。

这个神童接到御旨后，从家乡催马上京，赶了三天三夜路，直奔京城去见皇上。皇上看到他汗水淋头，衣服全都湿了，便说："呀，你汗淋头了。"神童一听，误以为皇上封他为"翰林"，于是马上磕头喊道："谢主龙恩。"

在场的官员一听皇上与神童的对话，也误以为事实，皇帝也只得将错就错，封神童为翰林官。神童也就由此官运亨通，平步青云。

讲述者：沈景根，原五杭乡农民。

聪明的教书先生

相传朱元璋当了皇帝后，一次同刘伯温来到一个偏远的山村，看到一户人家办喜事。

朱元璋一算，这个日子是双门吊克星，成亲后一方必定要死，便命刘伯温找到东家问是哪个看的日子，东家说："是本村教书的徐先生看的。"

于是，二人便来到徐家，请问徐先生为何要看这个双门吊克星的日子。徐先生说："这个日子必定有贵人相助，能化险为吉，双方平安。"朱元璋一听大吃一惊，心想这个教书先生不得了，连我要来都能算到，一定是个有才的聪明先生，于是朱元璋请这位先生去朝中做了官。

讲述者：俞正祥，原五杭乡农民。

穷人家出能人

相传孤林村有个财主，请了一个风水先生来看风水。风水先生看来看去，看中一块荒地，他对东家讲："你如果能把这块地买下，你家定能出大官，因为这个地方是三路来水一路去水，风水极好。"

于是，财主便找到这块荒地的主人，提出要买这块荒地来装风水。这块地的主人是一个还未成年的孤儿，他听了财主的话，便对财主说："你家要装风水，我家也要装风水的。"旁边的风水先生说："这个风水要三代以后才能做官。"孤儿听了风水先生的话便说："从我爷爷算起，到我这里正好是三代。"财主一听，便对孤儿讲："你家低水难得风水高浪。"孤儿便随口而出了一句："我能点火，要烧万重山。"风水先生一听，对财主讲，你们村出能人了。财主只好怏怏而回。

讲述者：胡金泉，原五杭乡农民。

吉利话

相传有个村坊上出了一个穷秀才，夫妻二人，生活十分困苦。秀才整天读书写字，生活全都靠妻子一人到人家屋里做帮工养活。快要过年了，妻子拿出几钱银子，叫秀才上街买点年货。这个秀才从不出门，来到街上，只买了一只小雄鸡。回来后，他对妻子讲："我买了一只细鸡①。"妻子很懂吉利，连忙说："鸡小冠（官）高，细鸡高冠（官）。"第二年，秀才上京赶考，果然考中了状元。

再说这个村坊上还有一个秀才，也只有夫妻二人，但是个财主。他看这个穷秀才买了一只高冠雄鸡考中了状元。第二年过年他也去买了一只小雄鸡。回来后，他对妻子讲："我买了只细鸡，鸡小冠（官）高。"想讨妻子的一句吉利话。不料妻子却出口对秀才讲："高冠也要杀，低冠也要杀。"后来，这个秀才也考中了状元，但没有多少时间就被杀了。

①细鸡：土话，小鸡的意思。

讲述者：蔡祥根，原五杭乡农民。

两个风水先生打赌

相传五杭东街有个姓沈的好人家，正在建造新房子。东家叫了个风水先生选一个上梁的好日子。这个风水先生看好后，恰巧另外一个风水先生路过。路过的风水先生说，刚才风水先生算的这个上梁日子是火时火日，一旦房子造好后，一定要天火烧。

于是二个风水先生开始打赌。先来的风水先生说："上梁时，如果有铁帽子经过、鱼上树，便能上梁，否则我就服输。"到了上梁时，正好有个买铁锅子的人经过，因铁锅子手里不好拿，便将铁锅戴在了头上。另外一个人从街上买了条鲤鱼，走到这里时，将鱼往树上一挂，去小便了。看到这个情况，第二个风水先生只好认输。其实这些都是第一个风水先生事先叫徒弟们安排好的。

讲述者：俞正祥，原五杭乡农民。

天地与良心

天地与良心从小就是好朋友。天地长大后，学会了一套剥削人的办法，慢慢富了起来，家有良田百亩，高楼四间。而良心却是家贫如洗，苦度光阴。

良心虽穷，却弹得一手好琴。有一年中秋节，天地要良心去他家，为他弹琴解闷。良心演奏了一首曲子，悠扬的琴声，像金鸡高歌、凤凰长吟。此时，海龙王的三公主正在附近河里游玩，听到这悦耳的琴声，立刻被吸引住了，公主便变成一条蛇游到天地家门外偷听。这时，天地有事出屋，见门口有一条大蛇，急忙跑回去想拿铁耙去打蛇。良心知道后，赶快跑出门去，偷偷地对蛇说："蛇呀蛇，你快快逃命吧！"就这样，等天地拿了铁耙出来，蛇早就不见了踪影。

良心回到家，睡到半夜，做了一个梦。忽见面前立着一位美貌姑娘，她拿着一只布袋，对良心说："做好事啊，就像满园花草，当时看不出长大，但日后能发觉它在生长；做恶事啊，像镰刀碰石头，当时看不出镰刀有破损，但日后就会渐渐废烂。为了谢谢你的救命之恩，我送给你一只宝袋，你想要什么，就甩它一下，口中叫什么，就会有什么。"

良心醒来，不见了那姑娘，却见有一只布袋。他有点将信将疑，一想，不妨试一试。于是他甩了一下布袋，口喊良田百亩，高楼四间。果然，霎时间一幢高楼拔地而起，附近还有良田百亩。良心高兴极了，他准备把房子和田地送给附近的穷人。

这消息很快被天地知道了。第二天一早，天地立刻赶来，说："良心兄弟，我们从小情同手足，你把这宝袋借给我用用。我把我的房子和田地全都送给你。"良心点头答应了。于是，天地住到了良心家，良心把天地的房子和田地又分给了附近的穷人。

天地一踏进良心家，就急忙拿出宝袋来甩，可是接连甩了好几次，什么东西也没有。他心里非常恼火，认为良心骗人。天地又再次用尽力气将布袋甩了三下，突然，高楼燃起熊熊大火，天地来不及逃走，被活活烧死。那只宝袋呢，也不见了。

后来，人们常用天地、良心的事例来教育别人。久而久之，"天地良心"成了一句俗语。大家把它当作守信用、讲道德的成语了。

讲述者：宋彩堂，原博陆乡新圩村农民。

荷花姑娘

　　从前,有个年青的王秀才,读书很用功,每天晚上都在书房看书作诗。深秋的一个夜晚,王秀才看书正看得入神时,忽听得有人敲门。他走上前去把门打开,一看门外站着一位年轻美貌的姑娘。王秀才十分惊奇,问道:"你是谁家的姑娘?"姑娘含羞地笑眯眯回答:"我就是你书房面前池里的荷花姑娘,看你每天读书这么用功,今夜特地前来,想和你一起作伴读书,请你允许吧。"王秀才看了看荷花姑娘,点头同意了。从那以后,每天到太阳下山,夜幕降临时,荷花姑娘就高高兴兴地从荷花池里出来和王秀才一起看书作诗。早晨太阳刚一露头,她就回到荷花池里去了。这样年复一年,二人产生了感情。

　　一天晚上,王秀才对荷花姑娘说:"我们白天也一起学习好吗?永远在一起好吗?"荷花姑娘还是笑眯眯地回答说:"好呀!明天你到荷花池里把我拉出来,我们永远在一起。"

　　到了第二天早上,王秀才顾不得梳头,兴冲冲地来到荷花池边。一看糟了,荷花池里有上千朵一模一样的荷花,哪一朵是荷花姑娘呢?王秀才开动脑子想了又想,对了,荷花姑娘是晚上来早上去的,夜里露水很大,那朵没有露水的荷花一定是荷花姑娘。他马上把那朵没有露水的荷花拉上来,果然出来的是美貌的荷花姑娘。后来,他们成了亲,夫妻恩爱。经过多年的努力,王秀才成了当时有名的一位文学家。

　　讲述者:唐祖根,原五杭乡唐公村农民。

阿大发财

从前塘栖有一户人家，只有母子二人，儿子叫阿大，家里很穷。一天阿大的娘舅叫阿大去做点生意。他凑了点钱，借了条船，帮阿大买来萝卜，叫伊摇船将萝卜运到东乡码头去卖。

阿大摇着船向东乡出发了。摇到半路上，有人问伊买萝卜，阿大回答说："还勿卖嘞，我要到东乡码头去卖。"一路上，所有问伊买萝卜的人，阿大都是同样一句话："还勿卖嘞，我要到东乡码头去卖。"

后来，摇到了一个地方，又有人向伊买萝卜，阿大还是这样说："我要到东乡码头去卖。"那人说："这里就是东乡码头。"于是阿大就把船停了下来。

阿大停船的河埠头上顶有家米行，老板姓何，有个女儿，芳龄二十，不料有了外情，已身怀有孕。何老板发觉了，想勿到女儿竟做出这种不光彩的事来，决定半夜要将她处死。

这事被小姐的丫环晓得了，她慌忙来告诉小姐，小姐急得直落眼泪，毫无办法可想。还是丫环想出办法，对小姐说："我想好死不如赖活，我们还是连夜逃出去吧！或许老天见怜，能救你一命。"事到如今，小姐想想也只好如此。丫环见小姐点了头，就连忙跑到河埠头，寻找船只。她看见有只萝卜船，船头站着个小伙子，丫环就问："喂！萝卜卖不卖？"阿大说："当然卖，不卖我到这里来做啥。"丫环又问："你这船萝卜要卖多少钱？"阿大说："我买来十五两银子，从塘栖运到这里，要卖三十两银子。""好！我全买下了，你快把萝卜翻到河滩上来。"丫环说完，就前去接小姐。两人把值钱的东西用包袱包好，直奔河埠头。

跳上阿大的船，要他立刻开船，并叫他摇得越快越好。

不料小姐由于惊慌，再加上船身的颠簸，半路上竟将孩子生了下来。这时丫环只好把实情告诉了阿大，并要阿大上岸相帮去寻个可以盛水的东西，为小人洗洗身子。

阿大上了岸，一看四处没有人家，走了几步发现了一只甏，甏上有只盖，他想：管它，就拿这瓦甏先用一下也好。当拿起甏盖，他吓了一跳，原来甏里全是银子。阿大急忙回去告诉小姐，对这个见财不贪的小伙子，小姐产生了好感，心想如果跟了他，今后肯定不会吃亏。丫环看出了小姐的心思，就为阿大牵线，阿大听了高兴得不得了。后来他们取回了甏里的银子，继续开船。一路上摇得很快，不到三天，就回到了家里。

阿大一见娘就叫："娘，我现在有娘子、儿子、银子了！"他娘莫名其妙，阿大便把卖萝卜的经过一五一十地告诉了娘。他娘高兴得连连说："好，阿大，你真有福气。"

再说小姐进了阿大的家，一看房子破破烂烂，一件像样的家具都没有。第二天便要阿大拿银子去买木头，准备造两间新房，再置办几样家具。阿大拎着一包银子来见娘舅，要娘舅帮他买木头。娘舅听阿大说要买木头造房子，呆住了，心想怎么几天勿见，发财发得介快？于是阿大又把卖萝卜的经过讲了一遍，他娘舅听了后说："真是木①有木福。"他俩就一同到塘栖街上买木头去了。

到了木行，阿大一看那么多木头，只管自顾自从这堆木头挑到那堆木头，木行老板看见阿大这样挑来挑去，断定伊根本呒钱来买木头。老板过来对阿大说："别挑了，小伙子，你只要拿得出一斗银子，我把木头全部送给你。"阿大一听，说："好。"他马上跑到船里拿来一包银子，叫木行老板用斗来量。老板一见那么多银子，心里只得叫苦，暗想：今天真要倒霉了，看勿出这呆头呆脑的人，真有那么多银子。眼看这许多木头要白白送掉，他脑子一动，又想出个好主意来，他对阿大说："我讲话一向是算数的，这些木头当然送给你，不过你一定要今天搬光，今天搬勿光，明朝就勿可搬了。"阿大娘舅知道这是木行老板在刁难，阿大又想不出办法，娘舅说："好，一言为定。"说完娘舅去请了一个戏文班子，并贴招纸②，请大家来看戏，还杀猪杀羊请看戏的人吃饭。戏文看散，就请大家帮忙每人背一根木头。大家既吃了饭，又看了戏，当然愿意帮忙。就这样，不到一天时间，木行里介许多木头全部搬光。木行老板只好自认晦气，这木七木八的阿大倒真的发财了。

①木：土话，呆、傻的意思。
②招纸：土话，如现在的海报。

讲述者：朱宽永，原亭趾乡机械厂职工。

空箱子的故事

　　从前有个张老头，老伴早已过世。他省吃俭用，总算为两个儿子娶上了媳妇。可是当张老头年纪大了，干不了农活，两个儿媳妇嫌公公只会吃，勿会做，从不给公公好脸色看。公公吃的是剩菜冷饭，还不时受冻挨饿。没多久，老人就病倒了。

　　一天，有个好朋友来看望张老头。见到朋友，张老头哭诉了自己的遭遇。那朋友暗暗责骂他那两个儿媳妇如此不孝，一面替他出主意。过了一会儿，听得门口有脚步声，那朋友故意提高声音对张老头说："老张呀！你真想不开呀，他们这样对待你，你还要把钱留着给他们。依我说，等你病好了，我就同你去收账，收回来的钱也够你舒舒服服过上一辈子啦！"这几句话刚好被门外的两个儿媳妇听见了。她们想，呵！原来这老头还有私货，那今后倒要服侍伊好一点，最好在伊过世之前，让他把钱交给我们。

　　从这天开始，两个儿媳妇突然对公公变得客气起来，叫声不离口，饭菜争着送，煎药泡茶争着干。没过几天，张老头的病好了。后来，那朋友又来看他，并约张老头到外头去收账。几天后，二位老人高高兴兴地抬着箱子回来了。两个儿媳妇听到沉沉的箱子里叮当直响，心想箱子里的银子肯定不少。于是，大儿子大媳妇和小儿子小媳妇争着来接箱子，并你拖我拉，一定要公公到自己屋里吃饭，把张老头的手臂也拉得生痛。正在不知如何是好的时候，他的老朋友有了主意，他说："你们过去待老张勿好，他也不怪你们。现在你们阿爸有的是银子，既然你们已经改好，那么这些银子现在可以暂时不动，以后再分给你们。以后看你们谁待阿爸好，谁就多分点银子，谁待阿爸勿好，谁就少分点银子。至于吃饭嘛……我看就这样，今朝起一日一家轮吧。"说完，又帮张老头把箱子抬到了床底下，还上了一把大锁，钥匙张老头始终带在身边。

从此以后，张老头生活的确改善了。两个儿子二房媳妇待阿爸很客气，轮到哪家吃饭，那家就有好酒、好菜给伊吃。二房媳妇惟恐老人嫌自己待伊勿好，今后银子要少分。又过几年，张老头生了场大病，身体不行了。临终以前，他对儿子和媳妇说："这几年你们待我都不错，现在我快要死了，等你们把我安葬以后，那箱子里的银子你们就平分吧。"说完，张老头就死了。等儿子媳妇忙完丧事，他们一起来到张老头屋里，打开箱子，准备分银子。谁知打开箱子一看，惊呆了，箱子里哪里是银子，全是一些瓦片石子。只见箱子里放着一张纸条，上面写着："因为你们实在不孝，我才只得如此！"

讲述者：俞洪年，原亭趾乡广播站报道员。

推金入海

传说范旦家一贫如洗，但儿子很多。而石崇虽是百万豪富，就是没有子女。因此民间流传"范旦儿子多，石崇银子多"的俗语。

那年八月中秋节，石崇请范旦吃八月半酒，商定各设一席。石崇想出风头，用四个金元宝垫在桌子四只脚下，一个元宝放桌上，可谓威风凛凛。范旦没有金银，却有五子，四子立四角，一个儿子捧酒壶。酒至半酣，滂沱大雨，范旦叫儿子把桌子抬进房，一子收掇碗盏。可是石崇虽然用金元宝塞桌脚，但没有人帮他抬桌子。于是只得自己用手拉桌子，结果把碗盏壶瓶全部摔碎光，而且身子被大雨淋湿，像一只落汤鸡一样。

第二天早上，看看天色，风和日丽，但石崇就是开心不起来。他想，枉有万斛金银，没有子孙，要这么多金银有什么用场呢？于是，他唤来家仆，要把家中所有金银全部推到海里。

家仆推着装金银的车在半路上遇到了十八个强盗。强盗问："你们把银子推到哪里去呀？"推车人齐说："我们奉东家之命，把金银推到海里倒掉。因为我家主人虽有银子，但没有儿子，心想有再多的金银也是枉然，所以如此。"十八个强盗听后，心想，我们正要去抢他的银子，可我们这些单身汉，抢了银子又有何用呢？于是，大家一起把刀扔到地上，去深山学道去了。后来这些强盗修成了十八尊罗汉。这就是所谓"放下屠刀，立地成佛"这个成语的来历。

讲述者：宋彩堂，原博陆乡新圩村农民。

传家宝

相传很久以前，有一个种田人，很会省吃俭用。临死前，他从床里摸出一张写着"勤俭"二字的发黄的纸，告诉两个儿子说，这是祖宗传下来的传家宝，以后你们要靠它过日子。说完后他便死了。

父亲死后，二兄弟便分家，把传家之宝一刀二开，兄长分到"勤"，兄弟分到"俭"。

分家后，他们很听父亲的话。阿哥每天从早到晚，生活做个不停，但挣到的钱却乱花乱用。弟弟正好相反，田里生活不去做，平时省吃俭用，三顿饭改吃一顿，冬天穿夏衣，夏天不穿衣。结果两个人的生活都十分苦。

于是他们便到一个老年人家里请教："我们父亲留下的传家宝，一点用场也没有，我们一个勤勤恳恳地拼命劳动，一个每天节衣缩食，但生活还是好不起来，不知这是为什么？"老年人听了，便对兄弟二人说："这是你们把勤俭二字拆开了的缘故。勤是摇钱树，俭是聚宝盆，光勤不俭，好像竹篮打水；而光俭不勤，就好比枯井没有水干瘪。"

二兄弟听了老年人的话，恍然大悟。从此，兄弟二人相依为命，勤劳节俭，生活过得越来越好。

讲述者：沈元法，原五杭乡农民。

十赌九输

从前，王老财有四个儿子，个个赌博成性。老头子再三相劝，四个儿子如同石板上浇水，总是勿肯改。

一天，吃过夜饭，老头对四个儿子说："今朝为父给你们每人一百洋钿，就在自己家里赌，我来抽头①。四个儿子端了洋钿，拉开桌子，马上动手。老头坐桌角，赢的要抽铜钿，你赢我你抽，我赢你我抽。赌了一夜，天亮一盘点洋钿，四个儿子个个叫输，而只有老头才是赢家。老头乘机对四个儿子说："你们四个赌的个个输，而我勿赌倒反赢了二百，这就叫'十赌九输'，赌博好比石臼落泥潭，越陷越深。"

四个儿子听了父亲讲的一番道理，如梦初醒，从此就不再赌博了。

①抽头：赌博中的一种术语。就是在赌场赌博时，每一局的赢家要抽出一定比例的钱交由赌场老板，被称之为赌场抽头。

讲述者：宋彩堂，原博陆乡新圩村农民。

金钩李胡子

从前有个李胡子，胡子很长，吃饭时要用两只金钩子扎开胡子，所以大家叫他金钩李胡子。他女儿嫁给一家乡绅，女婿叫王三，学过拳术，稍有一点"三脚毛"，就自认为了不起。

且说李胡子的女儿自小跟随父亲学拳术，有武功却没有文才，王三看勿起她。小夫妻经常争吵，丈夫在打她时，李胡子的女儿总不还手。王三以为老婆软弱可欺，更加对她蛮横无理。因此，她就逃到娘家去住了几天。李胡子送女儿到夫家，男方亲翁想，小夫妻相骂①是寻常事，勿当事体的。男方亲翁殷勤酒饭招待。

王三父子与李胡子父女同桌吃饭喝酒。吃到中途，李胡子抬头向上一望，"扑"的一口浓痰，正好吐在头顶的正梁上，又顺手从口袋里摸出块手帕交给女儿。李胡子女儿一个纵身，一手攀住大梁，一手揩掉浓痰，"嗦"的一声下来，仍在原位上坐好。这时，王三看得发呆，晓得妻子的武功高超。

午饭过后，时间不早，李胡子要回家去，他故意嘱咐女儿说："今后不要相骂了，小夫妻要和睦恩爱，家和万事兴。"王三连忙急急巴巴地抢着回答："泰山吩咐，小婿谨记在心。"以后，王三再也不敢打老婆了。

①相骂：土话，吵架的意思，骂读 mo。

讲述者：宋彩堂，原博陆乡新圩村农民。

八字还是勿卜好

　　博陆有个名叫"小阿六"的人，是砖瓦行老板，在当地很有名气，不过还未曾婚配。

　　他叫媒婆介绍几个姑娘。仅几日时间，媒婆就为伊拿来 120 个姑娘的生辰八字。小阿六将这些姑娘的八字拿到杭州城隍山的算命先生那里去卜一卜，结果 120 个姑娘的生辰八字没有一个和他相合的。按照本地风俗，小阿六只得到南货店买了 120 尺云片糕，去退还 120 个姑娘的生辰八字。

　　有一天，又有人给他拿来一个姑娘的八字。小阿六叫一个学徒到城隍山算命先生那里去卜一下。哪知算命先生看过八字后说："这个八字贵，要十六个铜钿才好卜。"因为平时卜一个八字只要八个铜钿，所以学徒工今天没有多带铜钿，只好回去告诉小阿六。第二天，小阿六自己去卜，谁知这算命先生竟说："今天要三十二个铜钿了。"小阿六问："为啥？"算命先生回答："因为这个八字贵。"小阿六没有办法，只好付了三十二个铜钿。算命先生一卜，说八字相合。于是，小阿六定日子成了亲。谁知介好的八字结婚不到一年半，新娘子就死了，小阿六十分伤心。

　　过了一段时间，小阿六乘航船到新市办货。当船摇到郎家斗时，岸上有一对母女要搭船，说是要到新市去看病。航船大伯一面将船摇拢去，一面问小阿六："你看那个姑娘好吗？如果你中意我给你做个媒看。"小阿六探头一看，这姑娘长得很齐整①，便点了点头。等船靠岸后，姑娘由她母亲陪着走到船里。行船途中，大家闲话讲讲，航船大伯对姑娘的母亲说："这位阿嫂，你女儿也二十多岁了，该找份人家了。"那大嫂说："是呀，可是一时没有称心的人家。""那我给你做个媒，你看好吗？""好啊，不知是哪家？""喏，远在天边，近在眼前，就是这个博陆砖瓦行老板小阿六。"提起博陆"小阿六"，那是有名气的人家，那大嫂忙说："好是好，只怕我们高攀不上。""只要你们相中，我这个媒人算做定了。"

后来，航船大伯拿了姑娘的生辰八字送到小阿六家。小阿六心想，前头120个八字，算命先生说一个都勿好；第121个八字虽好，夫人却早早死去了。这次我干脆不卜八字了，自己选个吉日就拜堂成亲。结果这个勿卜的八字顶好，婚后夫妻恩恩爱爱，白头到老，而且子孙满堂。

①齐整：土话，漂亮的意思。

讲述者：俞晋堂，原亭趾乡南横港村农民。

三个儿子学艺

相传有一个百万富翁生了三个儿子。这三个儿子天天同酒肉打交道，是实足的无用之辈，败家之人。这天，富翁对三个儿子讲，从明天起，你们三人各带 20 两黄金，到外地去学点本事回来。

第二天，三个儿子各自出发。大阿哥往西走到一块田里，看见有个农民在田里浇粪，便上前讨教。这个农民一看是个富贵人家的儿子，想戏弄他一番，便对他说："我把粪浇下去后，能叫庄稼从黄变黑，从黑变黄，能增产增收。"大阿哥一想，我家有千亩良田，把这本事学回去，老头子肯定喜欢。于是便向他学了本事回家去了。大阿哥还没有走到家门口，看到两个弟弟也回来了。听说老二学会了打鸟，买来一支鸟枪；老三学会了箍桶，买回来了一副箍桶担。

老头子听到三个儿子回来了，很是高兴，便问他们学了点什么回来。这时阿哥一看别人的头发都黑黑的，只有父亲的头发是黄棕色，于是便拿起茅房马桶里的粪朝父亲头上浇去，弄得大家都惊呆了。他还得意洋洋地说，只要过三四天，父亲的头发就会变黑。父亲被浇一头大粪，引来一群红头苍蝇在头上团团飞，气得老头子又跳又骂。这时二弟拿起鸟枪瞄准老头子的头，"啪"的一枪，苍蝇逃光，老头子从凳上滚落下来，一动不动。这个弟兄还说："你们看，我的枪法功夫不错吧。"大家走近一看，不好，出事了，老头子的头被打成了四块。三弟一看，说："不要紧的，我什么东西都能箍，等我把父亲的头箍一下就好了。"

讲述者：沈元法，原五杭乡农民。

托千人之福　靠万人之力

　　朱先生和王先生是一对好朋友。有一天，王先生买了一只鸡和二斤栗子，到朱先生家白相。刚巧朱先生不在家中，他的老婆热情接待了王先生，先让坐后又泡茶，非常客气。她一把接过栗子和鸡，对王先生说："王先生，你真客气，让你破费了，今朝无论如何要吃了饭再回去。"

　　一会儿，朱先生的老婆便烧出了一碗栗子炒鸡，对王先生说："实在对不起，今朝家里没有菜，只好用你带来东西，烧了一碗板栗炒子鸡，王先生你就多吃点吧。"

　　饭后，王先生看到朱先生家门前有一条河港，河港上面有一座石桥，便对朱先生老婆说："朱先生真是好福气，门前有这顶桥，走走多方便啊！"朱先生老婆客气地说："这不靠伢朱先生一个人的力气，全托千人之福、靠万人之力的呀！"王先生看看时间勿早了，便回家去了。

　　王先生回到家中，和自己的老婆谈论朱先生老婆如何如何聪明、能干。他老婆不服气地说："这两句屁话有啥了勿起，我也会讲的。"

　　过了几天，王先生有心想试试老婆的才干，便约朱先生到自己家来白相，自己则找借口躲了起来。

　　这天，朱先生买了一个西瓜和二斤酥糖，到王先生家里来了。王先生老婆先让坐，后泡茶，非常客气。她一把夺过西瓜和酥糖说："朱先生你真客气，要你破费了，今朝无论如何要吃了饭再回去。"

　　一会儿，王先生的老婆便端出了一大碗西瓜烧酥糖，还对朱先生说："实在对不起，今朝家里没有别的菜，只好用你带来的西瓜和酥糖烧了一碗菜，朱先生你就多吃点吧。"

朱先生硬着头皮吃了一点这碗糊塌塌的东西。吃完后，便没话找话地指着坐车①里的孩子说："王先生真有福气，看倷儿子头皮圆圆，将来必定中状元。"王先生老婆连忙客气地说："这又不靠王先生一个人的力气，全托千人之福、靠万人之力的呀！"

躲在里面一直偷听的王先生，一听他老婆讲出这种疯话，气得连连跺脚，从里面冲了出来，他老婆和朱先生大吃一惊……

①坐车：旧时用毛竹做的一种用来供小孩坐的用具，称之为"坐车"。

讲述者：沈洪泉，原亭趾乡大来桥村农民。

七个聋子①

从前，有一个聋子姓赵，大家叫他赵聋子。有一天，他到街上去，看了看风向说："今朝好像刮的是东风。"这句话刚巧被隔壁一个姓钱的聋子听到了，他接口说："什么？你偷了我家的葱？"两个聋子吵了起来，钱聋子要赵聋子赔葱。

于是他们到寺里去罚愿。老和尚问："你们为啥来罚愿？"两个聋子便告诉了老和尚。可老和尚也是个聋子，聋子和尚说："你们倒好，商量要偷我寺里的钟？"说完，便将他们拖到衙门请县官老爷审理。

县官老爷立即升堂。赵、钱、和尚三个聋子你一句、我一句、他一句地诉说了一通，碰巧县官老爷也是个聋子，他听了大怒，说："呸，大胆刁民，真是目无王法，难道我朝南的官衙要叫我朝东？来呀，拖落去各打四十大板。"

碰巧了，两个衙役也是聋子，两个聋子衙役将三个聋子拖下去，一个一个地轮番打屁股。最后打和尚了，那和尚哪里吃得消这种苦头，打到二十大板时，连屎也打出来了。二个聋子衙役见了，就向聋子老爷禀报。老爷说："既然如此，息了退堂。"可怜那两个聋子衙役听作"吃了退堂"，他们不敢违抗，只得一人一半将屎吃了。

退堂后，老爷回到后屋还十分恼火。夫人问他："老爷，你今朝为啥介火冒？"老爷说："唉！真是气煞，我衙门大堂朝南，偏偏要叫我朝东。"可夫人也是个聋子，一听到这话就跳了起来，"放屁！我嫁给

113

你三年了，难道只有睏了一通？"说着二人又大吵了起来。

①这里的聋子是有些耳背，听觉不灵，大家戏称为"聋子"。

讲述者：毕兴泉，原亭趾乡明智村农民。

龙王女婿除知府大人

相传杭州凤凰山下，有一个专卖私盐的人，名叫阿山，他将盐堆在屋旁的一棵树下。树上有一个鸟窝，窝里这只鸟经常会叫"卖盐阿山，卖盐阿山"，阿山很恼火。这天，他爬到树上，想把鸟窝拆掉。爬到上面一看，只见鸟窝里有一块石头。他拆了鸟窝后，便把这块石头拿了下来，放在盐堆边当凳子坐。

一天，有一个徽州识宝人路过这里，看到了这块石头，出口用 300 两银子向阿山买这块石头。阿山问："这块石头能派啥用场？"识宝人说："这是一块吸海石，如果把这块石头放到海里就能把海水吸完。"阿山知道这是块宝石后，哪里肯卖。

阿山来到东海边，把吸海石放进麻袋里用一根绳子连着，将麻袋扔到海里。不一会工夫，东海里的水少了一半。东海龙王派人上岸一查，原来是有人把一块吸海石放到海里。如果再这样吸下去，东海便要被吸干，这可怎么得了。于是，东海龙王便请阿山到龙宫做客，龙王愿意用东海的任何东西换阿山这块吸海石。正在这时，龙王的独生女儿抱了一只雄鸡出来玩，刚好被阿山看见。阿山提出要娶龙王的独生女儿来换吸海石。龙王没有办法，只好答应了他的要求，把女儿许配给了阿山，于是阿山和龙王女儿便回到了杭州。

来到杭州后，龙王女儿把手中的伞一打开，便变成了一个大宅院，夫妻二人便在此住下。龙王女非常漂亮，一时在杭城传为佳话。这时知府大人也听到了风声，便计谋要把这个漂亮女子弄到手当小妾。这天，他派衙役给阿山送来公文，要阿山送一百个金鲤鱼，一百个银鲤鱼，每个要一斤四两重，少一两或多一两都要杀头，而且第二天必须交货。阿山急得要命，不知如何是好。龙王女看了公文，便叫阿山上街买了一刀金纸，一刀银纸。她用剪刀剪好金鱼、银鱼，再用水一泼，就变成了一百个金鲤鱼和一百个银鲤鱼，而且每个正好一斤四两。知府收到后也就无话可说。

知府一计不成又想出一计，他命阿山要在一天之内开好一个鱼池，开不好的话也要杀头。阿山急得要命，不知如何是好。龙女听了，随手从头上拔出一只金钗，对阿山说，先在四周画一个圈，再嘴里"哼"的叫一声，鱼池便成。

想不到鱼池开好后，知府说要阿山献上"哼"这个东西。这下可急坏了龙女，世上哪有"哼"这个东西，莫非是知府故意刁难。她急忙跑回龙宫，告诉父王。龙王一听，说："好！就给他一个哼。"龙王拿出一个小蒲墩对女儿说："这个蒲墩，你对它说一声'哼'它就会上去，说一声'好'它就会下来。"

龙女回来后，把小蒲墩给了知府，对知府说："你只要坐在这个小蒲墩上，就会有'哼'这个东西。"知府一听世上真会有个"哼"的东西，便坐了上去。只听见龙女大喊一声"哼"，又接连喊了三声"哼"，早已把知府送到高空。这时龙女想，你这个瘟官，平时作恶多端，今天我要叫你吃点苦头。于是便大叫一声"好"，知府从半空里掼①了下来，摔死了。阿山和龙女知道要出事，便双双逃到了东海龙宫。

①掼：土话，掉下来的意思。

讲述者：胡阿根，原五杭乡农民。

海龙王除县老爷

有一天，东海龙王的龙太子出宫遨游江南鱼米之乡。他腾云驾雾，自由自在，一不小心从天空掉落下来。恰巧有个叫黄阿大的人，摇了一只船从集市卖豆腐回来，龙太子正好落在黄阿大的船里，变成了一条倒鳞鲤花鱼。黄阿大一看鱼的眼睛里还在出血，便将鱼放回河里。龙太子回到龙宫后，把自己的遭遇告诉了龙王。龙王听后，便化成百岁老翁把自己女儿许配了黄阿大。黄阿大娶了个漂亮娘子，惊动了整个县城，县官老爷便计谋要把龙王之女弄到手。

这天，县官老爷叫来黄阿大，命他一夜之内开好十八口井，否则就要杀头。黄阿大回到家里，愁眉苦脸，闷闷不乐。龙女问清情况后，便从头上拔下一根银针，对黄阿大说：“你到河滩上去用这根银针在石头上敲三下，如果有东西上来，就拿回来。”黄阿大来到河滩，将银针在石头上敲了三下，只见从河里浮上来一根棒槌。龙女告诉他：“你用这根棒槌在地上打十八个洞就行了。”就这样，黄阿大一夜功夫开好了十八口井。县老爷没有话说，只好另想办法。

这天，他又命黄阿大一夜之间要开好十八条河。龙女叫黄阿大用上次一样的办法，到河滩上去用银针在石头上敲三下，这次上来的是一只老鼠。龙女在老鼠的尾巴上系一根长线，老鼠拖着尾巴上的长线在地上来回跑了十八次，便开好了十八条河。第二天，县老爷过来查验。突然东海龙王看了县老爷一眼，下令发洪水。大水淹没了县老爷的衙门，把县老爷给淹死了。

讲述者：俞正祥，原五杭乡农民。

知县老爷断案

　　有一年正月初一，知县老爷刚刚起床，外面来了两个告状的人。知县老爷一看告状的人，一个是美丽年轻的女子，一个是年轻小伙子。二人都说自己是原告，因为昨天夜里，女子到邻居小伙子家白相回来后，丈夫被人害死。小伙子又自来作证，说他是年轻女子家的邻居。知县老爷拿过状子一看，哈哈一笑，对他们说："你们谁是凶手，谁是帮手？"这二人一听，连忙向知县老爷说："我们都是来告状的，凶手是谁还请大人缉拿。"于是，知县老爷把他们写的状子读给他们听："大年三十夜，我从邻居家里去白相回来，月光下一个人进了我家，我认为是丈夫出去小解，开门一看丈夫已被人害死……"

　　知县老爷读到这里，惊堂木一拍，对他们厉声说："俗话说，初一、初二不见月，初三、初四一条线，大年三十哪有月，你们招还是不招？"听了知县老爷的话，两人只好招供。原来那个女子和小伙子早已勾搭成奸，大年夜那天，女子在丈夫吃的酒里偷偷放上毒药，把丈夫害死，然后同小伙子一起写了状子来告状。本想来个恶人先告状，但他们做梦也没有想不到，知县老爷在状子上看出了真相。

　　讲述者：沈元法，原五杭乡农民。

"西湖"的传说

从前，杭州没有西湖，这块地方住着一个大财主。他有财有势，无恶不作，霸地几千亩，造起一座大花园。财主有一个独养儿子，吃煞勿胖，瘦瘦长长像只螳螂，人称螳螂公子。公子喜欢弹琴。一天，他在花园里弹琴，东海龙王的三公主化作一条鲤鱼在钱塘江里玩白相，听见叮叮咚咚的琴声，就变成一条小蛇游到花园门口来偷听。螳螂公子起身到门外撒尿，看见一条蛇，吓了一跳，回进屋里对小书僮说："门外有条蛇，我去拿家伙敲煞伊。"小书僮趁他去寻家伙，急忙走到外面对蛇说："蛇呀蛇，我家公子要寻家伙来敲煞你，你快逃命去吧！"蛇向小书僮点点头，飞快地游走了。等到螳螂公子拿了家伙出来，连蛇的影子也寻勿着了。

三公主回到龙宫，向龙王讲明情况，龙王大怒，叫女儿拿"剿灭钗"到杭州，要把恶财主家化为大湖水泊。三公主隐身进了花园，寻到小书僮，化作一个姑娘与他相见，说："恩公，亏你相救，送你一百两银子，快离开此地，到北高峰山脚搭个草棚安生。"小书僮弄得发呆，等三公主把来龙去脉讲清楚，才谢过公主，急急忙忙逃出花园，到北高峰去安身。

三公主飞身上天，从头上拔下"剿灭钗"，口中念动真言，把金钗一划，恶财主家的房屋和花园顷刻变成一个泱泱大湖，恶财主一家全葬身湖底。因为这个湖在杭州西边，所以大家都叫它西湖。风和日丽的日子，坐在船上朝水底下看去，隐隐约约还看得见亭台楼阁、小桥假山，这就是沉在湖底的恶财主的大花园呢。

讲述者：宋彩堂，原博陆乡新圩村农民。

丈二韭菜盘龙笋

从前，在皇宫里附近有个种田人，名叫洪海，绰号叫小癞痢。他娶了一个漂亮的娘子后，就不肯下地干活。为什么呢？因为小癞痢看见娘子生得漂亮，不肯离开娘子。于是娘子便画了一张自己的像，叫小癞痢去干活时带在身边。

一天，小癞痢到田里干活，把娘子的像挂在田边的一棵树上。忽然一阵狂风吹来，把画像吹走了。画像吹到了皇宫的金銮殿上，皇帝看到这张美人像，便传下圣旨，要将美人召入宫来。小癞痢得知后，夫妻抱头痛哭。妻子急中生智，想出了一个办法，说好叫丈夫五月初五到皇宫旁边叫卖丈二韭菜盘龙笋，夫妻才能团圆。丈二韭菜是把长竹竿的竹节凿通套牢韭菜，时间一长，韭菜便长到一丈二尺；盘龙笋是将刚出土的笋用缸倒压住，使其弯曲生长，成为盘龙一样。

时间过得蛮快，到了五月初五，小癞痢娘子对皇帝说，"今天我要吃丈二韭菜盘龙笋，如果有人要卖，把他叫进来，我要查货买菜。"

这时小癞痢正在皇宫旁叫卖丈二韭菜盘龙笋，皇帝听到，立即下旨召小癞痢进宫。小癞痢进了皇宫，娘子一见小癞痢，眉目传情，微微一笑。皇上看到，心里不乐，便对她说："你对我愁眉苦脸，为何今天见了这个穷鬼就要笑。"妻子对皇上说："那你把衣裳脱光，穿上这穷鬼衣裳，我会对你笑个不停。"

皇上为了讨她一笑，便脱下了龙袍，穿上了小癞痢的衣裳。这时，妻子朝小癞痢一点头，小癞痢马上把皇帝的龙袍套在自己身上，坐上龙椅，大声说道："来人，把这个调戏君妻的卖菜穷鬼给我拿下，推出去斩了。"内侍们一拥而上，捉拿了皇上，推出城门杀了。这时，宫内大乱，小癞痢和娘子乘机逃出皇宫，开始了新的美好生活。

讲述者：沈元法，原五杭乡郭信村农民。

菩萨报恩

相传某地有个古寺，寺里有很多木雕菩萨，但寺院却已破败，香火不旺。

这天，有个打柴人走过这里，看到一条溪沟里没有桥，跨越溪沟甚是不便。于是他到寺里把最大的一个一丈三尺的菩萨背了出来，把菩萨横在溪沟上当桥用。他前脚走，后脚来了一个读书先生，正去上京赶考。他一看用菩萨当桥走，连说："罪过，罪过。"他连忙把菩萨背回了寺庙。

前几天，这个菩萨的灵魂正去天上开会，这天刚好回来，看到自己的木雕身体已被人动过，便问守在寺里的菩萨。一旁的菩萨把自己看到的情况告诉了他。这个菩萨一听，不由得火冒三丈，心想这还了得，用我这个菩萨当桥走，真是岂有此理，便发誓要寻这个打柴人，弄得他家破人亡，不得好死。

这个守寺的菩萨告诉他，这个打柴人从来不相信菩萨的，你寻他也没有用场。我看还是寻读书先生，是他把你背回来的，读书人对你有恩，你要报答他。于是这个菩萨便上京城，暗中帮助读书先生考取了功名。

讲述者：尤荣劳，原五杭乡郭信村农民。

天目山菩萨显灵

相传每年九月初九，五杭圣塘河上信佛的老年人，都会摇船到天目山去烧香拜佛。

村坊上有个叫沈五毛的人，也很想一起去。船主同沈五毛讲，这次到天目山去烧香拜佛，不能讲难听的话，否则菩萨要显灵的。第二天便要开船，船主叫沈五毛明天早点起来。沈五毛一听，说："啊呀，娘杀的，你老子身边刚好没有钱。"说完便跑到螺蛳漾去向店老板借了四块银元。

到了天目山后，伊一摸口袋，袋里哪有四块银元，只有四只螺蛳。同船去的人一听，要他走三步拜一拜，讲句认错的话。等伊拜到山上，袋里的螺蛳便又变成银元。

讲述者：周寿林，原五杭乡农民。

秀才救百姓

相传很久以前，杭嘉湖平原地区连年大旱，河底干涸，庄稼颗粒无收。一次，有人在无意中发现了一口老井，里面突然冒出水来。消息传开，周围的老百姓纷纷前来提水。

这个时候，有个姓王的秀才走过来，看了看井里的水特别绿，凭他从书上看到过的知识和跟老农学来的经验，秀才肯定这井水有毒，便对大家讲："这水不能喝，有毒的。"百姓一听，都笑王秀才大概怕自己轮不到打水，才想出如此妙策吧。王秀才见大家不信，心中非常着急，于是，他一步上前，走到大家面前对大家说："现在我要跳下井去了，等一会，如果我身上同现在一样，这口井的水大家可以吃。如果我身上变黑，说明水里有毒，大家千万不能吃。"说完，王秀才便跳下了井去。过了片刻，秀才的脸和身体都变成了青黑色，大家才知道秀才说的话是对的。为了感谢秀才的救命之恩，村民在村旁建起一座庙，塑起一个脸呈青黑色的菩萨，每到初一月半都来烧香点烛，香火十分兴旺。

讲述者：沈元法，原五杭乡农民。

秀才对课

相传有个秀才上京赶考，来到一个地方，见两个小孩在架小石桥玩。秀才一不小心把小桥弄塌了。两个小孩要同秀才对课，说如果对上了，就让秀才走；如果对不上，要罚秀才把桥架好。秀才心想：我一个秀才难道会对不过你们两个小孩？于是便讲一言为定。

这时，其中一个小孩马上出了上联："磊塌石桥三块石。"秀才想来想去对不上下联，只好把桥架好，走了。走着走着，他心里想，我连两个小孩都对不过，还要上京去考啥功名，便跳到河里寻了短见。

过了好多年，这两个小孩考上了功名。这一天他们在花园里玩，听到耳边有声音在说："磊塌石桥三块石"，一连说了好几遍，出上联的小孩便讲出了下联："出字分开两座山。"这时耳边的声音才消失了。这真是：阳界出上联，秀才缺才；阴界对下联，鬼魂得安。

讲述者：蔡祥根，原五杭乡农民。

黑心妇人

从前有个黑心恶妇，全家夫叔三人。本来好好的一份家庭，但恶妇心狠，想独吞尚年幼的二叔家当。她对丈夫说："夫啊！你把你的黄胖小弟拎到南山脚下，推到井里活活淹死，这样家中的所有财产我们就好独得了。"老大寻思一下，心想不错，我妻说得有理。待到晚上，哥哥跟弟弟说带他看戏文去。老二年幼不懂事务，高高兴兴地随同兄长去了。来到山脚，正好有一口枯井，狠心的老大将弟弟领到井旁，一把将老二推下井里。幸亏井里有一块砖石戳出，老二无奈脚踏砖石，手扶井壁，苦苦地支撑着。

话分二头说，这天张果老、吕纯阳二位神仙出来游玩，夜里正好坐在井旁讲白相。张果老说："附近白梅村有一位老太太，年满花甲，丈夫和儿子先后去世。她如今亲人全无，孤孤单单一个人，且双目失明，但家境富裕，藏有不少金银财宝。她曾经说过，如果有人能治好她的眼睛，叫她一声娘，她定把当家钥匙交给他掌管。"吕纯阳说："凡人不知这井旁有一棵灵芝草，拔去煎汤吃，能医治瞎眼病。"张果老说："白梅村离此不远，前面高大的房屋就是，门前有一株梧桐大树。"说着说着，眼看快要天明，二位神仙便离井而去。二位神仙的一番对话被卡在井里的老二听得清清楚楚。

不久，天就亮了。老二忽然听到井边来了一群割草小人，大喊救命。割草的小人们听到有人喊救命，马上跑到井边，一看有一人掉在井里。大家想救他起来，可是没有办法。其中有一小人聪明过人，他想了一个办法，把箩筐的绳子解下来，接成一根长绳甩到井里，老二紧紧捏住绳子，大家把他救了上来。老二对小人们说："谢谢，多亏你们救了我的性命，真是感恩不尽。"小人们说："岂敢！岂敢！这是我们应该做的。"不一会儿，老二在井边找到了那棵仙草，便别过众小人，往白梅村而去。

到了白梅村，看见一排高大房屋，门前有一棵梧桐大树，老二想这就是老太太的家了。老二走到门前，看四下无人，见大门未关，便走进屋去。这时从屋里走出一位老太太，老二见了，连忙俯首叫道："我的娘啊！孩儿端了仙草来医娘的眼睛。"老太太说："我的好宝贝，好儿子，难得你有如此孝心，真叫娘大快人心！"不一会儿，老二去厨房将仙草煎成药汁，亲手为老太太的眼睛擦上仙草水。果然，仙草十分灵验，不一会老太太的眼睛就恢复了光明。老太太真有说不尽的高兴，大声说："我儿，为娘把家当的钥匙交给你。"

后来，这件事被黑心妇人知道了。她也想发财，便叫他丈夫去山脚下，把他推到井里。这天晚上，张果老、吕纯阳二位神仙又来到井旁讲白相。二位神仙说，上次在这里讲的话被人偷听，结果那个人发了财。今夜要先看一下井内是否有人。二位神仙低头往井下一看，果然有人藏在井下。二位神仙便用一块石板盖住井口，闷死了老大黑心人。第二天，直到太阳下山，恶妇还不见丈夫回来。她找到井旁，用力推开石板向下一看，见丈夫已死，便也上吊身亡了。

这正是老古话说得好：好有好报，恶有恶报，若是勿报，时辰勿到。

讲述者：宋彩堂，原博陆乡新圩村农民。

夫妻发誓

五杭二条坝村有户姓李的人家，外无一寸地，里无一两银，上无父母，下无兄弟，只有一个孤儿名叫吕蒙正。为了度日，他卖了破房子，到乡间无人居住的破草棚里安身。这天，他坐在龙光桥北面一口水井边晒太阳。正巧昆山常熟有个陈员外带着女儿陈小姐到杭州招亲。陈小姐小的时候算过命，算命先生讲伊大起来要招一个乌龙盘井的人为亲。陈员外找遍了半个天下，都没有找到这样的女婿。正在这个辰光，陈员外看见吕蒙正身穿一身黑衣服，坐在井边晒太阳，一想对了，这不就是乌龙盘井吗？于是，便上岸把陈小姐许配了吕蒙正。

成亲后，夫妻倒也和睦。后来因生活困难，陈小姐被好心人介绍到附近大来桥木乃寺做了帮工烧饭。吕蒙正每天听到庙里的钟声，便走到木乃寺去吃饭。寺的当家和尚想：你吕蒙正什么活也不帮庙里做，听到钟声却就来庙里吃饭。于是老和尚想了一个法子，先吃饭，后敲钟。从此，吕蒙正再也吃不到斋饭了。吕蒙正认为这是老婆作的怪。陈小姐一听便对吕蒙正起誓："我如果变心，以后被飞虎咬死，大概是你自己要变心吧。"吕蒙正一听，也起誓说："如果我变心，一指风寒死。"

后来，吕蒙正做了大官。这天，他坐轿子来到木乃寺，先锋来报："飞虎将军光临贵寺。"陈小姐听到真有飞虎，被惊吓倒地死了。原来她早和木乃寺当家和尚好上了。吕蒙正见陈小姐死了，只好打轿回京。当走到二条坝时，轿夫讲天气真冷。吕蒙正不相信，便用一只手指伸到轿外试试冷的程度。突然手指一阵痛，后得风寒而死。真是应验了夫妻当年的发誓。

讲述者：郭金表，原五杭乡农民。

负义弟媳

相传，从前有个村坊，有两个兄弟，都已娶亲，阿哥已有一个十来岁的儿子。兄弟与他老婆表面上与哥嫂和睦相处，但却是一肚子坏水，总想着如何夺取全部家产。

一次村里迎灯会，哥嫂没时间去，便托弟媳把儿子带去。到了迎灯会的地方，弟媳就把侄儿卖给了一个人贩子。回来后，阿哥来领儿子，弟媳说："他到村边去玩了，过一会就会回来的。"可是直到天黑，儿子还是没有回来，嫂子哭得死去活来。第二天阿哥出去寻找儿子，出去有几个月还没回来。兄弟与他老婆又想了一个办法，假造一封书信，说阿哥病死在路上。嫂嫂一听，儿子丈夫都不见了，便身穿素服，设供桌，立丈夫牌位，为丈夫守丧。

不久，村里来了二个外地来的打铁师徒。师傅没有娶亲，弟媳妇便用计谋将嫂子许配给铁匠，可是嫂子坚决不答应。于是，弟媳妇与打铁师傅约定三天后夜里前来抢亲。到了第三天夜里，嫂子得到风声，她想，丈夫和儿子都已死在外面，弟媳又这样负义，便想上吊寻死。这天夜里，弟媳怕嫂嫂逃掉，便坐在嫂嫂房门前守候。正在这时，弟媳听到嫂子房间里一声响动，知道里面出事了，便马上推门进来。不料摸黑正好把嫂嫂准备上吊的凳子打翻，自己在地上摔了一跤。因房间里没有点灯，漆黑一片。正好这个时候，铁匠进来抢人，他不管三七二十一，抢了一个人放到船上，马上开船离开村庄。结果被抢走的不是嫂嫂而是弟媳自己。

第二天，弟弟一看抢去的是自己的妻子，但没有办法把实情说出去。这个时候，哥哥领着儿子回来了。弟弟一想，我还有什么脸面见哥哥，于是便跳到河里寻死了。

讲述者：蔡祥根，原五杭乡农民。

长尾巴蛆虫的来历

从前有个财主，家有三妻四妾，奴婢成群，还有十三个房间装满了金银。但这个财主却心狠手辣，作恶多端，见美女就强抢霸占，见金银便想方设法夺取。

这个财主的罪恶，传到了南海观世音菩萨的耳朵里，观世音菩萨想来治治这个财主。

这天，观世音菩萨驾起祥云，来到财主家门口，她装扮成一个穷要饭的，乞求财主给她点吃的。财主看了看，面前的这个讨饭的姑娘，虽说衣裤破旧，但美色媚人，连忙说："好好，不过我也要你一样东西。"观世音菩萨知道这个财主不怀好意，便故意说："我一个妇道人家，身无分文，你要什么呢？"这个财主听了，开始动手动脚地对观世音菩萨说："我家金银无数，三妻四妾，千奴百婢，但没有一个比得上你这样漂亮的，我要的就是你这个人。"

观世音菩萨见这个财主如此无理，便火冒三丈。一时间，财主家火光冲天，大火烧光了这个财主的一切。财主也被烧得焦头烂额，一头钻进了粪坑，变成了一条长尾巴蛆虫。

讲述者：沈元法，原五杭乡农民。

黄鳝干死

一天，有个农民去田里开沟排水。他举起铁耙用力一掘，把泥里的一条黄鳝掘死了。那黄鳝的阴魂奔到阎罗王面前，哭哭啼啼告状说："我家世代与农民无怨无仇，今日农民下毒手把我活活弄死，万望大王为我伸冤！"阎罗王一听，顿时怒发冲冠，命部下速将农民缉拿归案。

农民的魂魄被带到阎王殿后，阎罗王厉声问道："大胆刁民，为何无辜杀害黄鳝？"农民理直气壮地回答："小民掘死黄鳝自有道理。"阎罗王又大声喝问："有何道理？"农民不慌不忙地回答道："黄鳝钻通我的田埂，潭煞①我田里的秧苗，弄得田里没有收成，爹娘没有饭吃。大王，你说它该死不该死？"阎罗王听农民说得有理，便脱口而出："该死！该死！"这样，黄鳝告状失败，农民重新回到阳间。

因为黄鳝的阴魂误把阎罗王讲的"该死"错听为"干尸"，所以，黄鳝就不敢再让自己的尸体腐烂了。因此，直到如今，黄鳝死后一直是干的。

①潭煞：土话，即淹死。

讲述者：宋彩堂，原博陆乡新圩村农民。

蚂蚁报恩

相传，有个秀才上京赶考，来到一条河边。他看到由于河埠塌方，一只蚂蚁随土落到了水里，正在水面上挣扎，爬不上来。秀才看到后，马上拾起一根稻草，扔下河去。蚂蚁爬到稻草上，秀才把蚂蚁救上了岸。

到了京城，进场考试，秀才在写"焉"字时，下面四点少写了一点，主考大人批卷子时却是四点都全，卷子批好后，又变成了三点，弄得主考大人莫名奇妙。于是便去问秀才你做过啥好事？秀才回答说："其他没有，只救过一只蚂蚁。"

主考大臣想：本来他是不能得功名的，但像他这样的人，见了一只蚂蚁都会相救，那以后当了官对百姓的疾苦还能不管？于是破格录取了他。这个秀才做官后，果真爱民如子，廉洁奉公，成了世人传颂的清官。

讲述者：蔡祥根，原五杭乡唐公村农民。

蛇报恩德

相传，有个村坊上，一天有个小孩到田里割草，在草丛里不小心把一条蛇的尾巴割断了。蛇痛得逃走了。过了一段时间，这条蛇的尾巴上结了一个很大的硬疤，就来寻这个小孩报复。

蛇来到小孩的床前，看到床上的蚊帐有一个破洞，便游了进去，要咬死这个小孩。但由于它的尾巴上结了一个厚厚的硬疤，钻进蚊帐的破洞后，硬疤的地方正好被蚊帐卡住，要进进不去，要出出不来。这时，小孩被惊醒了，他对蛇说："对不起，那天我是不小心才把你的尾巴割断的，今天你却要来咬死我。今朝我要叫你死也很方便，但我放了你，从此你我恩仇二了。"说完，小孩把蛇放了回去。

过了一段时间，这个小孩跟村坊上的大人摇船到外头去卖东西。船摇到半路上，他看见后头有一条蛇向他游来。伊想，蛇又来寻我事了，弄得不好反而害了大家，我还是上岸回家。于是伊上了岸。小孩上岸后，蛇就不见了。船又继续向前开，在半路上遇到狂风暴雨，船沉人死。这个时候，小孩才知道是蛇救了他。

讲述者：尤月生，原五杭乡唐公村农民。

猴子想做人

很久以前，深山里有一只猴子，伊一心想要做人，所以去祈求玉皇大帝，将伊变个人身。玉帝一听，对猴子说："好！你要做人，先要把你身上的猴毛全部拔掉。"猴子点了点头。

于是，玉皇大帝传命武士前来拔猴子的毛。可刚拔掉一根，这只想做人的猴子就痛得受不了，连忙对玉皇大帝讲："不要拔了，不要拔了！我不要做人了。"玉皇大帝笑笑，对猴子说："一门心思想做人，但又吃不了苦，那是永远做不了人的。"

讲述者：沈景根，原五杭乡农民。

新笑话三则

按职论价

长风电扇厂出售的出厂价电风扇，内外有别。内部供应时，书记批条子每台出售价为80元；厂长批条子，每台90元；副厂长批条子，每台95元；供销科长批条子，每台是110元；市场公开出售，每台价135元。有人问："为啥价格如此不同？"他们说："这叫按职论价嘛！"

这叫群众关系好

乡党委沈书记家造楼房了。这几天，沈书记家里来的客人特别多。沙发厂的厂长挑来一担猪肉。丝织厂的采购员老赵进门时肩上两只皮包鼓鼓实实，回去时皮包瘪塌塌了。专业户王大伯，也送来了两担鸡蛋。

这时，有人刚从这里走过，他朝沈书记一笑说："沈书记，你家客人真多呀。"沈书记听了自豪地说："当干部，首先要联系群众，这就叫群众关系好嘛！"

保持整洁

昨天，厂大门四周的墙壁破洞补好了，还粉刷了一遍，使人感到整洁，舒适。

今天，厂宣传科的王科长看后，随手拿起毛笔在墙上写上几个弯弯扭扭的大字："请不要在此墙壁上乱涂，乱画，要保持整洁。"

以上笑话系 20 世纪 80 年代在群众中流传的，无具体讲述者。

民间歌谣

    歌谣是人民群众的口头创作，贴近生活，直接表达他们的思想感情和意志愿望，洋溢着浓厚的乡土气息，是民间文学的重要组成部分。歌谣的种类很多，按内容分，有情歌、苦歌、风俗歌、节令歌、童谣等。歌谣采用通俗的语言，叙事、抒情、警世、晓理相结合，阐述大众的爱憎观、是非观。歌谣大多采用比兴手法，歌词浅显易懂，读起来朗朗上口，词句音韵不强求平仄，大致逢双押韵。

    运河街道历史悠久，文化底蕴十分深厚，歌谣在民间蕴藏量相当丰富。本次收录境内流传的歌谣共 67 首。这些歌谣通俗清新，散发出泥土清香和地域特色，在民间世代相传。

    情歌在民间歌谣中占有较大比重。例如，本书收录的《姐夫追小姨》《采叶姐》《竹叶姐》《断私情》《十里亭》等。这些情歌往往以年轻女性为主角，反映旧社会青年男女对包办婚姻的不满，对自由恋爱和美好爱情的向往。

    境内流传的歌谣中有一部分是反映历史名人或事件的历史传说。例如本书收录的《十二月大花名唱唐》《十二根烟管》等，歌谣的内容大多来自两汉、三国、说唐、水浒、岳传以及《西游记》《西厢记》《梁祝》等传奇话本和戏曲演变来的人物。表达了人民群众对历史人物的评价，对历史人物的忠奸好坏褒贬分明。

    境内流传的歌谣还有一部分抒写了旧社会劳动人民的悲惨生活和遭遇。例如本书收录的《老长工》《荒年山歌》等。《老长工》是一首以十二个月的时节、劳动内容起兴的山歌。反映了旧社会老农民给地主当长工的劳动和生活情景，唱出了贫苦农民对现实生活不满的心声。老长工干的是牛马活，吃的是猪狗食，年终腊月回家过年时，地主还要叫他"灶前水缸挑挑满，屋后茅坑掏掏空"。而当问他明年啥时回时，老长工则坚定地回绝："永生永世勿进侬个庙门洞。"显示出长工做人的骨气。而《荒年山歌》唱的是道光二十九年杭嘉湖平原的灾荒情景。

还有一部分歌谣写的是地区特产，其中代表作品有《三十六码头》，这首歌谣以十二个月和花卉配以一些地方名称和各地特产。歌词流传甚广，但变异较大，且有些特产与地方并不相称，可不予深究。

此外，童谣也是民间歌谣的重要组成部分。童谣，是为儿童作的短诗，通常以口头形式流传。境内流传的童谣贴近生活，内容浅显，生动形象，朗朗上口，好学易记，富有浓郁鲜明的运河地域特色。

情　歌

姐夫追小姨

杨树开花青黄黄，姐夫阿哥赶西墙。

姐夫阿哥头上发辫梳，阿妹头上原有粉花香。

我昨天子打竹街木桥还，看了这场戏文真欢喜。

头一出要看申桂生，第二出要看玉蜻蜓，

第三出要看包公包文正，第四出要看师姑寺里卖草藤。

娘子呀，我竹街木桥看戏文，

看见一位姑娘齐整齐整实齐整①，好比观音菩萨其出门。

丈夫丈夫叫几声，你看见这位姑娘这样好，顶不过我娘家妹子来。

娘子娘子叫几声，拿乃妹妹生的驾形②这样好，明朝要去追小姨。

丈夫丈夫叫几声，我要重重吾格罚了言③，

你若追得我妹子动，给你配个嫡嫡亲亲新夫妻。

新桐油船落水摇一只，宽板子的橹拉一枝，

满舱平板平平好，明朝必定要去追小姨。

快快摇来快快摇，摇一埭来又一埭，

摇一村来又一村，望到水里绿阵阵；

摇了一座桥又一座桥，桥上有一个换糖佬，换糖阿三跳过桥；

摇一只漾又一只漾，一摇摇到呒情漾，呒情漾里来摇过，

前面就是我丈人啦，我丈人啦河埠头来摇到。

停动子格桨，跳上子的岸，拴牢子格船。

娘闻后头河埠头彭冬彭冬大船来，晓得哪里个客人到我厢。

娘叫小个女儿河埠头去张一张④，晓得哪里位客人到我厢。

小的女儿走上去，姆妈姆妈叫几声，姐夫阿哥到我厢。

小的女儿走上来，姐夫阿哥后头跟上来，

看一看来张一张，丈人姆妈坐起道地⑤上。

丈人姆妈叫几声，你为啥坐起道地上？

大官女婿，大官女婿叫几声，你丈人姆妈等子⑥大树下面乘风凉。

大官女婿，大官女婿叫几声，你为啥上午不来，下午来？

你不好和我大女儿一道来？姆妈子的娘，姆妈子的娘，

话起你那大女儿，气煞人来苦伤心。

丈人丈姆叫几声：我昨天子竹街木桥看戏文，

第一要看申桂生，第二要看玉蜻蜓，

第三要看包公包文正，第四要看师姑寺里卖草藤。

丈人丈姆叫几声，看了这本戏文，你乃大个女儿睡到里床朝外床。

大官女婿，大官女婿，快快搭伊⑦叫郎中请医生。

近间的郎中都叫到，草药叠同一个方桌子，药方叠起半桌子。

丈人丈姆叫几声，我今朝为啥摇起这只大船来，叫倷个妹子去，

亲身侍药拿茶汤，你丈母娘去不亲近。

叫我阿嫂去服侍不该应，叫我小姨妹妹去，亲身侍药拿菜汤。

大官女婿，大官女婿，我要问过我小个女儿，

问我小个女儿应当不应当。姆妈娘，姆妈娘叫几声，

亲自侍药拿菜汤，应当应当真应当。

叫我妹妹去，我阿姐有重病，

大官女婿你在外面等一等，我小个女儿调⑧到里厢去，

梳妆梳妆要梳妆，开橱开箱拿衣裳。

上身拿了玄色衣裳纺绸衫，下身拿了大红裤子三箩装。

三箩装有响声，响铃拉起廿四只，

只只响铃钱八分，妆粉要装晒白面，

妆粉要妆杭州孔凤春，苏州胭脂点中心。

先妆胭脂后妆粉，红里翻白实齐整。

装得我小个女儿，少箕⑨捏个六七把。

钩爱钩出房门，好比观音菩萨调出门。

钩爱钩出大门，手拿一根青竹棍。

钩爱钩撑撑动，相帮姐夫阿哥篙来撑。

钩爱钩到河心，小姨妹妹你小脚伶仃要当心。

我姐夫阿哥背你背来抱你抱，舱板并齐编得块块平。

撑开青竹紫篙，当中心里要坐好。

今朝天不怕来地不怕，只怕娘舅阿婆亲。

扒落宽板子的橹，快快摇来快快摇，

摇一埭来又一埭，摇一村来又一村，望到水里下底绿阵阵。

摇一座桥又一座桥，桥上有个换糖佬，换糖阿三问你这种糖怎样买？

大糖要卖七个钱，小糖要卖三个钱。

奇不奇来巧不巧，晚不晚来早不早，

娘舅大人来过桥，我大官女婿原是个爱脸胚，

第一朵鲜花已采去，第二朵鲜花不要采。

快快摇来快快摇，摇一只浜又一只浜，

摇一只漾又一只漾，一摇摇到无情漾。

提起青竹子的篙，操起宽板子的橹，

小姨妹子，今朝同你快活乐逍遥。

操起青竹子的篙，拔落宽板子的橹，

快快摇来快快摇，一摇摇到屋里响。

屋里河埠头来摇到，停动子的船，跳上子的岸，

拴动子的绳，一走走到阿姐屋里响厢，

阿姐阿姐几声叫，妹妹呀妹妹呀，

你千聪明来万聪明，你为啥今朝不聪明？

给你姐夫阿哥骗得要来骗得到。

妹妹妹妹几声叫，满把钥匙交给你，三岁孩儿要管得好：

热个辰光不要给伊乘风露，冷个辰光把伊包暖才要穿得好，吃个饱。

你那阿姐今朝来让你，做个好夫妻，愿你妹子同你姐夫阿哥床上做夫妻。

①齐整：漂亮，标致意，为形容面孔或装饰的样子。

②驾形：身段。

③罚了言：发誓。

④张一张：即望一望的意思。

⑤道地：屋前晾晒稻谷等的空地。

⑥等子：坐在。

⑦搭伊：给她。

⑧调：土话，走的意思。

⑨少箕：即小刷子。

讲唱者：黄松法，原五杭乡黄家桥农民。

采叶姐

三春天气暖洋洋，芦笋透起笋芽长。

桃花落地菜花黄，北风吹来闻花香。

蜜蜂出洞述打雄，蝴蝶飞来上下打相打①。

鲳条鱼翘起水面上，鲤花鱼捎起重五两。

乌背鲫鱼草上行，土婆鱼悄悄找婆娘。

家家户户养蚕忙，我家三间厅屋落蚕房。

上年蚕房搭起东厅堂，今年搭起西厅浪②。

索叶蒲囤③齐栋梁，快刀索叶响啷啷。

一对鹅毛头前插，蚕筷仁起叶顶浪。

养蚕索叶日夜忙，采叶姐儿一心思想会情郎。

嫂嫂索叶细喽细，姑娘索叶同麻爿样。

娘叫女儿去采叶，姆妈娘呀姆妈娘。

嫂嫂房里原有哥哥去采叶，阿妈房中无叶我去帮。

千思量来万思量，桑园里面走一趟。

拨开楼帘张一张，小弟哥哥已经落田庄。

闻声哥哥摇夜水，采叶姐姐脚底痒。

手搭桑篮下楼去，要与小弟哥哥会一会来相一相④。

"种田哥哥等一等来停一停，叫你种田哥哥调⑤上来！"

"并无桥来又无路，哪个样子调上来？"

"哥哥吭船把身渡，北头河上让你种田哥哥渡过来。"

"有船渡过来，吭船叫你采叶姐姐脱落大红袄子划过来。"

今日正是好辰光，桑树墩上配鸳鸯。

哥哥爱妹妹爱郎，俩人像是入洞房。

蚕豆度⑥麦当围墙，菜子杀花当喜幛。

上顶旡顶青纱帐，下底旡有好眠床。

上顶六六三十六株荷叶爿野桑当了青纱帐，脚踏青草是牙床。

大红夹袄当被盖，玄色衬衫挡一旁。

姐姐脱下八幅罗裙当了湖州青草席，大红花鞋当对枕头凑成双。

起风起雨起得高，起风起雨起到拦腰里，

桑树地里正趣巧，哥哥姐姐配夫妻。

一只胡木田鸡跳得高来跳得低，咕咕呱呱来贺喜。

一只白头鹁飞到东来飞到西，叫你采叶姐姐快回去。

野地洞房真新奇，田郎蚕姑不肯离。

采叶姐姐心中愁，唯恐外面知情旡脸皮。

叫你哥哥慢慢动，妹妹睏倒又坐起。

郎过东来姐过西，采叶姐姐悄悄回家去。

郎过东边种田去，妹过西边旡心计。

手拎桑篮回家转，娘亲问东又问西。

娘老子格娘来，头句就是问得奇。

"囡儿起得早来回得晏，桑篮里桑叶为啥勿见底？

你嫂嫂去得晏来回得早，篮里桑叶和篮柄齐。"

姑娘回话看娘面，句句话语答如意：

"我嫂嫂田埂上六六三十六株荷叶爿野桑蛮好采，

我北田埂上七七四十九株麻皮家桑奇难采。"

"你爹爹放过桑树都在乃⑦姆妈肚皮里，枉竖曲直也都留意。"

娘见女儿话屈理，追根找须刨到底。

"囡儿子呀囡儿子，侬格一把青丝头发为何弄得乱蓬蓬？"

"娘老子介娘来，头发乱是侬女儿桑树拳头上爬上拉落才乱的。"

"囡儿子呀囡儿子，侬双大红鞋子为啥皱西西⑧?"

"娘老子介娘来，都是早上露水烂泥浸湿的。"

"囡儿子呀囡儿子，侬条大红裤子为啥弄得一点白来一点红?"

"娘老子介娘来，红的原是桑果子，白的原是桑脂尿。"

"囡儿子呀囡儿子，乃勿要尽扯空来活出气，介种⑨事体你娘晓得还算好，

你爹爹苏州城里回转来，就要抽你筋来剥你皮。"

"娘老子介娘来，自从盘古开天地，

只有扇水鲫鱼刀上死，只有新市街上剥羊皮，

春花田鸡活剥皮，哪有爹爹来剥女儿皮?"

"囡儿子呀囡儿子，等你爹爹回转来，

请来东庄王木匠，把一间房子隔成五间生⑩，把你关到房间里。"

"娘老子介娘来，房间隔开倒无妨，

只要阿爸勿进姆妈房，哥哥勿睡嫂嫂床。"

"囡儿子呀囡儿子，侬哥哥是六月里的茭白亮堂堂，

侬嫂嫂是蒸笼里圆子白胖胖，吾是三春头尾巴，花草已经相当少。"

"娘老子介娘来，隔壁三间门外三姐姐，

跟我同年同月同时辰，已经孩儿抱手里。"

"囡儿子呀囡儿子，六十岁格寿，

四十岁上做媳妇，还有廿年好夫妻。"

"娘老子介娘来，那有四十岁做媳妇，

我棺材木头也要变烂泥。"

"囡儿子呀囡儿子，

你阿爸城隍庙前算过命，已经挑了城里少爷给你做夫妻。"

"娘老子介娘来，城里少爷我勿要，

宁愿独身守家里。奴奴只要隔壁小哥哥，

我今早去得明早死，也有一日一夜好夫妻。"

①打相打：打斗状。

②浪：土话，上的意思。下同。

③索叶蒲囤：为切桑叶的蒲囤。索，即切。

④相一相：即玩一玩，如白相相。

⑤调：土话，走的意思。

⑥度：土话，大的意思。

⑦乃：你的意思

⑧皱西西：土话，有点皱的意思。

⑨介种：土话，这种的意思。

⑩隔成五间生：这里的"生"为土话，语气词。

讲唱者：徐芳仙，女，原博陆乡新圩村农民；宋彩堂，原博陆乡新圩村农民；黄松法，原五杭乡农民。

竹叶姐

正月梅花带雪开，暗里私情墙外来。

姐叫情哥心欢喜，两边两厢接莲台。

千思量来万思量，思量竹叶姐姐好姣娘。

日不行路夜不困，黄昏思想到五更。

二月杏花白如银，竹叶姣娘想郎君。

日勿安耽夜勿眠，只想郎君伴奴身。

皇家官女从小配，路远迢迢结成亲。

不长不短生得好，为何我俩男女长大勿做亲。

三月桃花枝枝开，玉姐缓缓叫郎来。

姐叫情歌来吃茶，姐儿端茶手递来。

细芽香茶在郎手，把把摸到姐手头。

瞒了爹娘遮人眼，背后作主好风流。

四月蔷薇朵朵开，郎来做丝姐来陪。

掇①只凳子叫郎坐，姐同情哥商商量量有情话。

外头三三两两有人谈，还有动动擦擦声。

谈我小妹必定有缘故，阿拉总叫男来有意女有心。

扇扇门上挂响铃，不怕倷②爹倷娘去担心。

五月石榴花正多，情哥在那行路唱山歌。

远也唱来近也唱，声声句句我清楚。

我阿奴有朵鲜花无人采，我头上戴起的玉荷花引蜜蜂。

路上如有兄弟来问你，你说同她是表亲。

六月荷花透水上，竹叶姐姐手拿花扇乘风凉。

前门头乘凉勿像样，后门头乘凉怕爹娘。

赶那爹娘勿喇郎③，同你姐儿两人同脚合步到楼上。

两手撩起青纱帐，青纱帐里好风光。

前半夜困得犹如虎，后半夜困得落枕旁。

问声哥哥非为别，为何同阿奴勿会面。

夜里想想不来眠，梦里想想结情面。

七月鸡冠正当开，竹叶姐姐好打扮。

头上插起百种花，人人看见要扮爱。

百合荷花连身动，两只笑眼等郎来。

阿奴头上戴的这朵荷花人人见了夸阿奴。

少年郎君嘴里勿讲心里想。

对河隔江十八九岁一位大姑娘，夜夜走起在二三更。

八月桂花阵阵香，竹叶姐姐打扮又是看戏又烧香。

文生哥哥端凳前头走，竹叶姐姐鞋紧脚小在后跟。

叫你情哥等一等，两人烧香一同行。

别个弟兄来问我，就说情哥是表兄。

九月菊花遍地黄，姐郎双双烧香回转进奴房。

阿奴肚里有喜无人知，快快要紧找打落方。

十月芙蓉迎小春，夫家得知来退婚。

红绿八字还了你，金黄首饰退灵清，

另请媒人配高亲。

十一月里水仙花儿开，竹叶姐儿笑起来。

文生哥哥得知心欢乐，耳环首饰来作聘，

说亲二字叫媒人。

十二月里有花花不开，两厢合共结莲台。

夫妻情愿共枕眠，恩爱夫妻到白头。

①掇：双手拿的意思。

②倷：土话，你的意思。

③勿喇郎：土话，不在这里的意思。

讲唱者：朱宽永，原亭趾机械厂职工；胡福荣，原五杭乡农民。

断私情

东方日出快如梭，小妹子前房织绫罗，

一织织到半夜三更多。

想起奴家私情事，千只炉头万只锁。

千只炉头原是阿拉①房中爹娘做，

万只锁头啥人做？

万只锁头原由阿拉隔壁西面南三房中第三间儿子柳家三哥哥，

杭州城里开爿铜匠店，做的元宝锁头甬铜钿，

就是小妹仁哥哥。

正月之中望郎郎勿来，二月初二郎寻来，

给信给了仁哥哥。

来吃一杯私情团圆酒，快刀切叶断私情。

仁哥哥听到格②声话，木③是木来呆是呆，

三魂落掉两魄半，立得半个时辰口不开。

仁哥哥勿要木是木来呆是呆，

梁山伯去访祝英台，也切不开来甩不开。

仁哥哥听得格声说话笑起来，

不是乃④郎没情爱，是乃娘家勿应该。

勿提起三年之前四年之里伢娘家事。

一顶花轿打到小妹大门坊，

娘劝姐儿要落轿⑤，

郎劝姐儿来踏轿，两滴眼泪落胸膛。

姐儿上轿笑一声，

郎君哥哥挺落⑥河滩头打地滚，

开开纱窗跳落河，两个婆娘抱着吾。

姐儿回门回出三日转，一月回出六日转。

小妹去得又再来，为再搭你仁哥会格会。

仁哥哥打扮卖胭商，

一卖卖到小妹大门坊。

姐儿绣花剪刀挥一挥，挑一双买一双，

敲敲打打叫郎坐，瓷壶茶叶待郎君。

里厢姆妈娘，外头新大娘。

新大娘呀新大娘，

乃来了一头两日，两头三日，

勿提起伢娘舅阿婆亲。

今早来了格位新亲乃格啥客人？

姆妈娘呀姆妈娘，是吾娘舅拉儿子姨表姐妹姨表亲。

伊去过南京之外，北京之里，

红绫子穿上，绿绫子穿落。

南京城里，北京城外，

苏州街上十字路口，金镶店对照⑦，

水果店隔壁，开起六六三十六爿流香店，表哥出门访奴身。

姆妈娘呀姆妈娘，听得格声说话笑盈盈，

立起身来办点心。

金也待来银也待，两瓶老酒端出来。

金银蹄来鸡和鸭，素鸡素鹅共一盘。

油炒瓜子两面黄，鱼肚海参搭一碗。

千杯好酒由乃吃，勿可酒里误事失私情。

情哥哥听了这句话来木又呆，转转凳头立起来。

情哥你今朝去了几时来，有空时间来望小妹。

姐儿身边摸出六六三十六个白铜钿，

给你情哥上上落落吃酒吃茶买糕点。

一送送到后墙门，眼泪汪汪哭转身。

搭三搭四度姑娘⑧，度姑娘私情勿久长。

隔得三日讨得去，好比三岁孩儿嘻亲娘。

①阿拉、吾、伢：土话，我的意思。

②格：土话，这的意思。

③木：傻、笨的意思。

④乃：土话，你的意思。

⑤落轿：土话，上轿的意思。

⑥挺落：土话，躺在。

⑦对照：土话，对门、对面的意思。

⑧度姑娘：土话，大姑娘的意思。

讲唱者：徐芳仙，女，原博陆乡新圩村农民。

小弟长工

正月梅花带雪开，小弟长工几时来？

月半勿来十六来，二十二边总会回。

小弟年纪轻轻十八岁，百样生活样样会。

小弟驮包打伞走进来，小妹端凳立起来。

燉茶递盅送过来，小弟眯花细眼接茶碗。

一碗细芽香茶都吃干，小妹夺手夺脚①放茶碗。

二月杏花白似银，隔壁市场有戏文。

小弟搬凳前头走，小妹脚小伶仃后头跟。

有的叫去吃馄饨，有的叫去吃面筋。

拉来落去吃点心，第一出青蛇娘娘白蛇精。

第二出要看狸猫换太子，第三出师姑屯里卖草藤。

小妹搭搭小弟肩膀要动身，这种戏文都是捉弄人。

红壳荸荠称两斤，紫皮甘蔗再去买二根。

邻舍隔壁分介分②，话③侬小弟会做人。

三月桃花开得早，小弟挑水起得早。

廿四档河埠高又高，毛竹扁担两头翘。

小妹朝你小弟话，担桶大来你力气小。

一担分作二担挑，排外骨头④更拴牢。

一步分作两步调⑤，小弟年纪轻轻力气小。

只会挑来勿会倒，小妹撩起八幅罗裙帮你倒。

外交⑥外交全外交，大红袜子打湿度半条⑦。

小妹房中换花鞋，叫介小弟排排骨头立立腰。

四月蔷薇叶梗青，小弟生活做得叫苦叫娘亲来叫爷亲。

随你要叫娘亲来叫爷亲，叫你小弟早吃夜饭早早睏。

四角被头塞塞紧，热风冷风吹勿进。

热风吹来勿要紧，冷风吹来要生病。

小弟老酒吃得醉醺醺，在小妹床里等酒醒。

五月石榴开端阳，小弟起早去拔秧。

临时长工要拔六六三十六，小弟要拔三六十八双。

上爿种起下爿去，只见小弟种的田来，

株对株来行对行，既省功夫又省秧。

西南头上乌云墨黑风吹来，雷公豁闪⑧打得轰轰叫。

吓得小弟心里别别跳，小妹一心思想要去叫，

又怕别人见了要取笑，只怕小弟衣裳淋湿了。

小妹房中拿衣裳，拿了一套又一套，大红裤子青色袄。

六月荷花透水长，小弟到小妹房前乘风凉。

门前坐坐勿像样，后门乘凉怕爹娘。

南头原有一株风凉树，领着小弟到花厅上。

打开格扇旧纱窗，东北风吹来凉爽爽。

上顶叶子刚脱落，下底席子滚水烫。

风凉树下睏一觉，午时睡到未时上。

小妹房中枕边原有云片糕来绿豆糕，

给你小弟吃个饱。

还勿饱，还有三尺条头糕。

七月鸡冠紫菲菲，叫你小弟上楼去，

年庚八字交给你，不知你爹娘依勿依。

别人家媒人做来媒人送，干娘做来干娘送。

打开格扇青纱帐，绣花枕头两边光。

金对金来凤对凤，月白里格丝线穿当中。

八月桂花喷喷香，小弟得病在身上。

小妹手捧一对香烛进庙堂，保佑小弟旧病断根新病爽。

临到门前跌一跤，眼泪汪汪出庙堂。

九月金桔带皮黄，小弟来到小妹绣花房。

重的说话轻轻讲，别人听得勿像样。

十月芙蓉赛牡丹，小弟田庄来掼稻⑨。

轻轻担子小弟挑，重重担子对半调。

小弟原是豆腐肩胛糯米腰，挑着千斤重担怎会跑。

十一月里雪花飞，小弟小妹柴房屋里去甩跤。

第一跤来抱跤甩，第二跤来抢跤甩。

小妹鞋紧脚小先甩到，上顶⑩露出红绿肚兜银链条。

下顶露出大红裤子蓝布腰。

十二月里腊梅开，小弟打好包裹要回去，

小妹问你小弟几时回？看你爹娘永生永世勿回来。

三股麻绳断了三股半，看你小妹总要来。

快刀切叶两分开，叫我刮风下雨哪好来？

小妹叫你立介立来等介等，送你六六三十六个荷花丁的白铜钿。

叫你先买钉鞋后买伞，晴天落雨早早来。

十二月里冷冻冻，看你小弟衣单难过冬。

手上捋去一双黄金镯，叫你小弟当了好过冬。

我和你正月勿会二月会，三月油菜开花会介会。

①夺手夺脚：意为匆忙的样子。

②分介分：土话，分一分的意思。

③话：说的意思。

④排外骨头：系扁担上两头的竹钉。

⑤调：土话，走的意思。

⑥外交：土话，不是内行的意思。

⑦度半条：土话，大半条的意思。

⑧黯闪：土话，闪电的意思。

⑨掼稻：土话，打稻的意思。

⑩上顶：土话，上面的意思。

讲唱者：沈洪泉，原亭趾乡大来桥村农民。境内尚有其他讲唱者宋彩堂、胡福荣。

挑一双

正月之中望郎郎勿来，二月初三郎寻来。

叫你情哥吃介一杯团圆酒，好比快刀劈篾两分开。

情哥听了这句闲话木如呆，三魂落掉二魂半。

挑一双卖一双，挑到你姐姐大门坊。

姐姐绣花剪刀掼一掼，叫你情哥走进来。

里厢姆妈娘外头新大娘，外面来位啥客人？

姆妈娘姆妈娘，你千聪明万聪明，

说到这句闲话勿聪明，这位就是阿拉三大伯拉第三位三哥哥，

红绫子穿上绿绫子穿下，南京城之里北京城之外，

苏州街上十字路口，铜匠店隔壁腌腊店对面，

开起六六三十六爿衣绸店。顺便带衣带货到你府上望阿奴。

姆妈听了这句话来笑盈盈，走到厨房备点心。

鸡是鸡来鸭是鸭，油炒瓜子两面黄。

鱼肚海参共一碗，家乡火腿并一碗。

三盘四盘由你吃，不可风里误事说私情。

情哥哥听了这句话来木如呆，转转凳头立起来。

情哥哥你今朝去了几时来？有空时间望小妹。

姐姐摸出身边六六三十六个白铜钱，

给你情哥哥上上落落吃酒吃茶买糕点。

讲唱者：徐芳仙，女，原博陆乡新圩村农民。

望郎君 （一）

大姐打扮去望郎，手拿白米煎粥汤，
煎了粥汤郎勿吃，眼泪汪汪落胸膛。

二姐打扮去望郎，一包枣子二包糖，
手拿枣子给郎吃，口吐鲜血衣衫上。

三姐打扮去望郎，东南西北访先生，
只要我郎君身体好，金钗银钗送先生。

四姐打扮去望郎，手拿罐头煎草药，
煎好汤药君勿要吃，口吐鲜血被面上。

五姐打扮去望郎，手拿香炉进庙堂，
敬上香来点蜡烛，保佑我郎君毛病好。

六姐打扮去望郎，手拿罐子煎仙方，
煎好仙方郎勿吃，口口吐在枕头上。

七姐打扮去望郎，情哥衣裳放勒啥地方？
姐姐来给你穿衣裳，红绿衣衫穿在你身上。

八姐打扮去望郎，情哥挺尸挺勒啥地方？
挺尸挺勒踏凳上，撩起罗帐当灵堂。

九姐打扮去望郎，至亲百戚都来望，
情哥出丧出勒啥地方？出丧出在河南新坟上。

九姐打扮去望郎，头包白布到坟上，
到了坟上哭一场，回去大家做孤孀。

讲唱者：沈洪泉，原亭趾乡大来桥村农民。

望郎君 （二）

正月初一去望郎，阿拉情哥得病睏只象牙床。

上有六六三十六块天花板，下有七七四十九扇雕花窗。

左手撩起青纱帐，右手撬起我情郎。

情郎情郎叫三声，阿拉情哥口眼两闭朝里床。

二月初一去望郎，姐儿手拿白米进郎房。

白粥煎给情哥吃，阿拉情哥不吃粥来只喝汤。

三月初一去望郎，姐儿手拿枣子和白糖。

剥开枣子喂郎吃，阿拉情哥口口吐落枕头上。

四月初一去望郎，姐儿城头市角贴黄榜。

访个有名先生医得阿拉情哥病体好，姐儿愿用头上金凤金钗谢先生。

五月初一去望郎，姐儿手拿香烛求城隍。

城隍菩萨啊保佑阿拉情哥病体好，整猪全羊谢城隍。

六月初一去望郎，姐儿手拿三支清香求家堂。

家堂菩萨啊保佑阿拉情哥病体好，打场筵席谢家堂。

七月初一去望郎，姐儿手拿青铜钥匙进郎房。

上箱开到下箱去，阿拉情哥呒不一件称心好衣裳。

八月初一去望郎，姐儿行船打码做棺枋。

棺材要做丈二长来八尺宽，乌木底板松圈膀。

圈上要雕十月芙蓉牡丹花，头上画起三男四女陪君郎。

盖上要雕北斗翻身上五更，吾得①情哥同死落棺枋。

（插唱）姐儿介聪明②来介聪明，话③到介声话语④勿聪明。

只有四月（蚕）宝宝同做蚕，哪有露水夫妻同死合棺枋。

（接唱）九月初一去望郎，姐儿手拿木桶进郎房。

上身摸到下身去，阿拉情哥细皮白肉见阎王。

漂白绸衫贴身着，颜色棉袄热汤汤。

脚上要穿绣花鞋，头上包起白罗纺。

情哥已死难还魂，千根鹅毛笃得牢。

十一月初一去望郎，阿拉情哥尸体挺起⑤大厅上。

诸亲六眷看得暗暗笑，姐儿拉破面皮哭一场。

十二月初一去望郎，阿拉情哥灵座供起大厅上。

白棉绸孝帏挂中央，灵箭灵旗插两旁。

①得：土话，同的意思。

②介聪明：这样聪明的意思。

③话：说的意思。

④介声话语：这句话的意思。

⑤挺起：挺在的意思。

讲唱者：宋彩堂，原博陆乡新圩村农民。

常熟客人叫小船

一更一天，一今子格一，叫只小船。

常熟客人叫小船，苏班船，跳落船，就要开船。

咿呀呀得儿喂，就要开船。

二更二天，二今子格哇，唱支小曲。

小曲要唱及及花，五更天十八摸，喉咙都唱哑。

咿呀呀得儿喂，喉咙都唱哑。

三更三天，白羊子格羊，出起春香。

双手摸把奴情郎，里晒床，相把来拉帮。

呀呀得儿喂，相把来拉帮。

四更四天，四更子各春，常熟客人。

常熟客人，不正正摸一把，叉头颈，抓脚抓手身。

咿呀呀得儿喂，抓脚抓手身。

五更五点，五今知格晓，常熟要到。

常熟客人，交交银钱岸上跑。

真起早，摇船靠扳艄，

咿呀呀得儿喂，摇船靠扳艄。

讲唱者：韩美仙，女，运河街道唐公村村民。

十二只香袋

头一只香袋初起头，情哥起心要来偷，

香袋上面是有四个金宝字，常看香袋起风流。

第二只香袋是姜黄，姐送情哥凑成双，

香袋绣有成双燕，小妹读书守空房。

第三只香袋三翻晒，小妹绣出高山茶，

郎要绣出三尊佛，姐要绣出佛手一枝花。

第四只香袋四角圆，姐送情哥不要钱，

郎要面，姐有情，青纱帐里值千钱。

第五只香袋五色浓，小奴绣出二条龙，

二条龙悬空挂，雷响豁闪满地红。

第六只香袋似绿葱，姐送情哥去通风，

路上碰到一个光棍赤，问你香袋哪个姐姐送。

第七只香袋七秋凉，小妹绣出好鸳鸯，

鸳鸯鸟儿成双对，我同情哥一设样①。

第八只香袋八朵花，早早夜夜手中拿，

画来画去你看见，八月半夜里吃酒画月华。

第九只香袋扬名声，小奴绣出广东城，

广东城里是有七七四十九个绣花女，小奴绣花当头名。

第十只香袋十手翻，小妹绣出少林山，

林山大庙钱塘江，西湖景致也逃上山。

十只香袋唱完全，四季花儿在里面，

回②我小妹三百银钱不肯卖，藏在身边值千钿。

①一设样：土话，都一样的意思。
②回：这里是回购的意思。

讲唱者：韩美仙，女，运河街道唐公村村民。

十双拖鞋

第一双拖鞋绣起头，姐绣花鞋立勒门口头，

姐绣拖鞋郎来看，郎看拖鞋姐风流。

第二双拖鞋是桔黄，姐绣花鞋心里慌，

倘使嫂嫂来看见，告诉爹娘那能当。

第三双拖鞋三色纱，问声情哥要绣啥个花，

百色花样从姐手里出，绣一对鸳鸯私情花。

第四双拖鞋是草绿，做好拖鞋送情郎，

一双拖鞋交拨①情哥手，情哥勿要嫌奴花草鞋。

第五双拖鞋是大红，五色花线绣成功，

手拿拖鞋回家转，郎看拖鞋姐威风。

第六双拖鞋铁线②绣，铁线纱拖鞋勿饰花，

第七双拖鞋菊花心，拖鞋头上要绣百花亭，

百花亭上有一对童男童女立两边，宛如一对鸳鸯好私情。

第八双拖鞋蜜色心，拖鞋头上要绣木樨亭，

木樨亭上有一对花蝴蝶，同飞同舞同有情。

第九双拖鞋是缕纱，拖鞋头上要绣牡丹花，

红格花线绣花枝，五色花线要绣五色花。

第十双拖鞋绣完全，一双一双真新鲜，

五色花样绣得好，送与情哥着③一年。

着此拖鞋运道好，两情交结犹如胶。

十双拖鞋十福全，同心合意时时传。

①交拨：土话，交给，交读 gao。

②铁线：为铁褐色。

③着：土话，穿的意思。

讲唱者：韩美仙，女，运河街道唐公村村民。

十杯好酒

请郎吃酒第一杯，情哥吃酒姐来陪。

桃花好酒杏花会，请郎吃酒筛满杯。

第二杯好酒凑成双，杏花好酒待情郎。

情哥呀，出外应有绫罗绸缎穿，姐姐在家是金钗银钗戴几只。

第三杯好酒暗定定，小奴房中一炷香烟都点尽，

今奴呀好酒请郎吃，小奴怎肯随便再叫停。

第四杯好酒敬郎哥，小奴身像兰花，百样鲜花叶来遮。

郎先行个喝酒令，百样鲜花亦会来。

第五杯好酒吃得情哥哥头上汗淋淋，姐儿手拿花扇扇郎君。

扇了我情哥哥头上，七七四十九点珠珠风流汗。

姐姐捞起衬肚绸衫，我揩了情哥哥头上七七四十九点珠珠风流，

省得我姐姐手拿青铜钥匙，上楼回房开橱开箱拿手巾。

第六杯好酒问郎君，问郎哪年哪月哪时生？

吾呀正月十五元宵春，红灯落地子时生。

第七杯好酒是吾喝，爹娘得知大无妨，

待等吾娘门前过，天塌大事小妹当。

第八杯好酒九重阳，重阳满酒菊花香。

郎哥问你一声话，问你几桥几路结识几个郎？

第九杯好酒拿在手，眉花笑眼叫小妹，

吃醉生来是吾错，总要小妹原谅吾。

第十杯好酒立起身，手扶郎哥进房门，

两手捞起青纱帐，青纱帐里好风光。

讲唱者：朱宽永，原亭趾乡机械厂职工。

十姐妹梳头

大姐梳头不为难，青铜镜子照媚眼，
照得眉眼分竹叶①，卸下珠花换牡丹。
二姐梳头喜插花，桃头脸孔粉未搽，
细皮白肉似霜雪，霜雪里面涨红砂。
三姐梳头抹香油，朵朵鲜花插脑后，
人人说她爱打扮，男人门前频频走。
四姐梳头桃木香，脚上花鞋三寸长，
爹爹叫她高厅坐，燕子飞来满堂香。
五姐梳头直苗苗，好比当头浓粪浇，
庙里烧香前后走，八幅罗裙把身摇。
六姐梳头乱团团，前把扎紧后把晃，
初一月半烧闲香，哪个郎君能喜欢。
七姐梳头七秋凉，手拿团蒲坐西厢，
八幅罗裙拖脚板，白缎条子鞋口镶。
八姐梳头白鹤飞，叫声郎君早转回，
路上好花休要摘，铁梗海棠刺蔷薇②。
九姐梳头九重阳，重阳好酒菊花香，
一口白牙三十六，说话言语莫太响。
十姐梳头梳不光，村村有姐也有郎，
不论贫富找一个，郎进门来姐成双。

①分竹叶：意为分明。

②铁梗与刺比喻某些女子的性格。

此歌以十姐梳头的形象，抒写各人的心态，应属富裕人家女人的生活。

讲唱者：胡福荣，原五杭乡农民。

探　妹

正月里格探妹正月正，我搭①你小妹做花灯，
花灯做上身呀，妹子呀，看花最称心。

二月里格探妹二月二，我搭你小妹作门对，
到我门前过呀，妹子呀，为何头不抬。

三月里格探妹三月三，我搭你小妹白相到上海滩，
买张火车票呀，妹子呀，大洋一角三。

四月里格探妹四月正，我搭你小妹吊膀子，
膀子吊上身呀，妹子呀，不用怕难为情。

五月里格探妹五月五，我搭你小妹好好做，
粽子糯米裹呀，妹子呀，送你过端午。

六月里格探妹六月六，香云纱短衫麻纱裤，
包给裁衣作呀，妹子呀，送你夏天过。

七月里格探妹七秋凉，我搭你小妹乘风凉，
风凉到三更呀，妹子呀，晏点②再商量。

八月里格探妹八潮头，我搭你小妹看潮走，
先看潮头过呀，妹子呀，后乘黄包车。

九月里格探妹九重阳，我搭你小妹过端阳，
买块香肥皂呀，妹子呀，送你汰衣裳③。

十月里格探妹十稳当，我搭你小妹落浑堂④，
浑塘热水泡呀，妹子呀，水热勿要慌。

①搭：土话，同的意思。

②晏点：土话，晚一点、过一会的意思。

③汏：土话，洗的意思。

④浑堂：土话，澡堂的意思。

讲唱者：宋彩堂，原博陆乡新圩村农民。

五更相思

一更呀呀吱一点一哩一支香呀，郎叫姐来姐叫郎，
叫你郎君进奴房呀，哎哟哎哟哎哎哟，叫你郎君进奴房呀。
二更呀呀吱二点二哩二支香呀，郎叫姐来姐叫郎，
叫你郎君睏上床呀，哎哟哎哟哎哎哟，叫你郎君睏上床呀。
三更呀呀吱三点三哩三支香呀，郎叫姐来姐叫郎，
叫你郎君脱衣裳呀，哎哟哎哟哎哎哟，叫你郎君脱衣裳呀。
四更呀呀吱四点四哩四支香呀，郎叫姐来姐叫郎，
叫你郎君着①衣裳呀，哎哟哎哟哎哎哟，叫你郎君着衣裳呀。
五更呀呀吱五点五哩五支香呀，郎叫姐来姐叫郎，
叫你郎君好动身呀，哎哟哎哟哎哎哟，叫你郎君好动身呀。

①着：土音，读 za，穿的意思。

讲唱者：宋彩堂，原博陆乡新圩村农民。

十里亭

东北风起紫云青，合家大小过光景。
有道君主登龙位，文武百官个个灵。
风调雨顺民安乐，国泰民安镇乾坤。
别家闲事都不唱，唱唱有情十里亭。
朝中有个马公子，眉清目秀一书生。
公子不把诗书读，要做风流浪子人。
时光正在春三月，空闲无事出外行。
有个美女花园过，好像西施正复生。
生得不长又不短，走路说话真温存。
头上挽着青丝髻，口若樱桃一点红。
面似荷花初开放，眉毛八字两旁分。
一双水晶凤凰眼，满口细牙白如银。
十指尖尖像春笋，一双金莲三寸整。
梳个头来像元宝，绣花帽子戴头顶。
阴蓝布衫穿在身，汗巾全是鸭蛋青。
八幅罗裙齐腰束，竹节花鞋满帮春。
月里嫦娥无两样，好似仙女下凡尘。
若得女子同罗帐，今朝甘心命归阴。
回家想起此情事，越思越想越有心。
定要与她说句话，与姐交意又交情。
眼望已到红日落，夜幕初临出外行。

一走走到大路上，转弯就是小桥亭。

快步摸到花园中，咳嗽叹息两三声。

蛇入曲洞无退步，黑夜之中步步进。

暗中来到姐房外，不知姐姐肯答应？

未成好事就回转，一场心血即飘零。

若不将声去叫姐，她怎知我爱姐心。

公子当时生一计，此计想得妙十分。

拿出身边金扒耳，轻轻扒开姐房门。

小心掀起青纱帐，只图帐内会私情。

一把摸姐姐不醒，醒来慢慢叫几声。

我这屋里是何人？问过几声没答应。

"莫非家中出妖精，莫非房中鬼迷人？

莫非房中有个贼，原是想姐偷花人。"

"从来不曾见过面，不知你是哪方人。

叫喊捉贼拿住你，铁嘴铁舌难辩明。

把你送到衙门里，板子夹棍你当心。

不如趁早回家转，免得明早祸临身。"

"聪明小姐听原因，房中无鬼无妖精。

也非房中有窃贼，正是小生偷花人。

只因见你过花园，姐姐容颜赛太贞。

夜半难睡来会你，才进房中近姐身。

我要和你说说话，不要害怕莫多心。

姐姐若是开恩义，我总不忘你的情。

姐姐若是能成全，今世存心报你恩。

不在人前谈论你，不在背后坏你名。"

小姐听了这番话，心中情意动几分。

停了一刻来回答，"读书君子听原因。

我今年方十六整，父母生帖已配人。

丈夫也在人前走，书香门第无比论。

若被夫家知道了，我的性命活不成。

看你也是官家子，不是低三下四人。

强奸官女该死罪，调戏也要去充军。"

"不论充军定死罪，我今也不与姐分。"

姐姐听了又劝说，"憨度君子听原因。

我若做了不端事，坏了门风臭了名。

不如趁早回家去，免得祸患降你身。"

公子心坚意也定，再三劝说小姐听。

"姐姐岂是铁石心，天上人间都讲情。

月里嫦娥成双对，牛郎相配织女星。

莺莺私会张君郎，翠娥小姐爱方卿。

文秀他要华山娘，金玉也记崔文声。

许仙相会白娘子，白牡丹跟吕洞宾。

神仙也有贪色事，何况你我世间人。

哪家没有死过人，哪家屋上无霜冰。

哪个闺女不思汉，哪只猫不吃荤腥。

蛇不咬人似黄鳝，胡蜂不刺似苍蝇。

我今前后细细说，请你回念发慈心。

活人应该出眼泪，死人也能还魂灵。

瞎子听了睁开眼，哑巴定能再开音。"

"郎君你意这样定，奴也情愿学前人。

我今如果成全你，你勿人前去坏名。

秤杆烧灰星尚在，哑子开口难从心。

燕子衔泥口最紧，鼠啃蜡烛也存心。

三朋四友莫谈论，至亲六眷休传身。

你若人前去说我，快刀切藕断丝情。

小妹本是黄花女，从未经过风雨淋。

快把衣衫轻轻脱，洗净以后床里进。"

姐把衾被盖郎身，细言巧语诉衷情。

一更里来情更蜜，鸳鸯枕上劝郎君。

今后怜念屈从你，莫作榜样再污行。

耳听谯楼鼓再打，劝君私情切勿贪。

读书最要走正道，羡花爱柳损前程。

谯楼三更夜中心，奴劝情郎听缘因。

自古忠言都逆耳，良药虽苦利病身。

四更四点夜更深，姐姐言语甚贤明。

偶尔逛妄蒙点悟，今后决不胡乱行。

耳听谯楼打五更，公鸡大叫高作声。

姐欲留郎天却明，奴煮点心送郎君。

剥皮枣子送郎嘴，煎汤桂圆补精神。

家有鱼肉新煮熟，油煎豆腐四翻身。

忙取白米去烧饭，我郎吃了早回程。

煮熟鸡蛋带几个，路上行走当点心。

姐叫哥哥慢慢吃，忙到门外探风声。

今与郎君共罗帐，一夜同床百夜恩。

露水夫妻不长久，离家别户出房门。

喉咙喑哑难说话，两行泪珠落纷纷。

情哥去家二十里，我送情哥十里亭。

口中说话脚在走，一里亭就前面临。

郎身孤单一个人，回去赶紧娶奴身。

高堂父母要孝敬，叔伯兄弟睦又亲。

赌钱场上别去走，是非门中须小心。

酒场莫饮过量酒，吃喝朋友无真情。

我劝情哥都好话，牢牢切切要记心。

送郎送到二里亭，二里亭上说私情。

郎君即使回家去，家去孝顺二双亲。

怀胎生你十个月，过重门槛如过岭。

自幼哺乳娘辛苦，长大成人读诗文。

你若不把父母敬，日后儿孙照样行。

劝君句句是好话，不可忘恩昧良心。

送郎送到三里亭，三里亭上说私情。

独身自守知寒热，热身脱衣最伤人。

冷汤冷水莫去吃，保重身体最要紧。

乱坟荒冢少去走，妖魔鬼怪能迷人。

送郎送到四里亭，本族兄弟应相亲。

打虎需要亲兄弟，上阵还是父子兵。

昔日有个杨家将，出兵打仗一同行。

兄弟竭力石变玉，父子同心土变金。

送郎送到五里亭，句句衷情劝郎君。

情哥若是不娶我，劝郎另找秀美人。

妻房总要亲眼看，挺胸凸乳克夫君。

眉清目秀真良女，福禄双全多子孙。

望你娶的比奴好，你家安乐我放心。

早生儿子早得力，长大成人后代根。

我今虽已成全你，事到如今悔不能。

送郎送到六里亭，赌博一事劝郎君。

骨牌骰子件件假，输的多来总难赢。

赢得银子买酒吃，输了不见朋友情。

有钱之时人尊敬，无钱之日人欺凌。

送郎送到七里亭，七里亭上劝郎君。

别人妻妾莫多恋，石上栽花不生根。

四季衣衫你得多，柴米油盐给照应。

有钱当面称你好，无钱那是陌生人。

能有几个像奴样，不贪银钞半毫分。

送郎送到八里亭，劝君要交真诚人。

可知桃园三结义，犹如同胞一娘生。

酒肉朋友朝朝有，急难之时无一人。

送郎送到九里亭，我送情哥九里正。

劝兄闲事少去管，是非场中要少行。

邻舍口角要劝解，不可怕事闭了门。

竭力劝说他不信，不可生气不理人。

送郎送到十里亭，若不再送心不定。

日长夜短时光快，伶仃脚小步难行。

爹娘问我何处来，将何言语对双亲。

夫家知道事难办，飞蛾投火自烧身。

我今告辞回家去，不再送君往前行。

双手抱住情哥哭，两行热泪乱纷纷。

双膝跪在尘埃地，再劝情郎事记紧。

回家莫作贪花人，吃饭定要回家门。

恩爱还是自己妻，自古至今说得正。

再说几句你且听，私情句句有真心。

斑鸠本是无情鸟，女子本是黄狗心。

不贪光棍并浪子，双双情愿守闺门。

天下老鸦一样心，地上骡马一样骑。

海里舟船一样驶，各家雄鸡一样啼。

黄牛水牛一样角，红糖白糖一样甜。

姐姐妹妹一娘生，老狗小狗一样犬。

姐拜郎来郎拜姐，千言万语说不光。

眼看月落西天去，太阳又要现东方。

姐姐向东回家转，情哥逍遥进书房。

二人分别东西走，各自心中如油煎。

你我今朝来分别，从今不可上我门。

私情一本已唱完，奉劝世上姐与郎。

劝君不要去偷情，偷情也是枉费心。

古来男女虽重情，钱财多少才来往。

起造私情书一本，千古万年到如今。

识字诸君读两遍，消愁解闷度时光。

风流君子读一遍，既宽心事自思量。

良士君子看过了，不可说它太淫荡。

学好出在自己心，看过此本要归正。

（根据小林、博陆残稿及韩美仙提供的唱本整理）

历史传说歌

十二月大花名唱唐

正月梅花第一春，唐朝天子李世民。

十八斧头程咬金①，秦琼鞭打老杨林②。

二月杏花白如银，单枪匹马小罗成③。

东反西乱盖苏文，跨海征讨定太平。

三月桃花红喷喷，薛仁贵④征东有名声。

得胜还朝封功臣，功劳要算薛家门。

四月蔷薇叶梗青，薛丁山征西有威名。

棋盘山上来招亲，窦氏仙童做夫人。

五月石榴红透顶，樊梨花⑤来好本领。

要与丁山来结亲，杀兄刺父我不答应。

六月荷花带水开，三请梨花薛丁山。

多亏三朝元老程咬金，二人姻缘夫妻成。

七月鸡冠正当开，薛丁山征西回朝廷。

保得唐朝江山共太平，千古留名到如今。

八月桂花莫说俊，薛刚⑥大闹龙金灯。

打杀张保小太子，害了薛家一满门。

九月菊花满地黄，唐朝大将郭子仪⑦。

保得小皇逃性命，后来登基坐龙廷。

十月芙蓉润小春，杨贵妃⑧酒醉骂昏君。

美人自有安邦计，不要你昏皇要美人。

十一月雪花满天飞，征西元帅郭子仪。

打得西辽无法想，班师回朝见当今。

十二月腊梅迎新春，满朝文武笑盈盈。

保得唐朝江山稳，一统江山万年春。

①程咬金，唐朝开国名将。

②秦琼和杨林为《隋唐演义》中的两个人物。

③罗成是《隋史遗文》《隋唐演义》《大唐秦王词话》《说唐》中的人物，《说唐》中是第七条好汉。

④薛仁贵，唐朝名将，绛州龙门（今山西河津）人，名礼，字仁贵，以字行世。唐朝著名军事将领。

⑤樊梨花是一位唐代著名的巾帼女英雄，而她与薛仁贵之子薛丁山的爱情故事更是为世人所熟知。

⑥薛刚为薛仁贵之孙，即薛丁山与樊梨花的儿子。其故事见于清代如莲居士的《反唐演义全传》以及流传至当今的评书、戏曲等。

⑦郭子仪，华州郑县（今陕西华县）人，祖籍山西太原，唐代政治家、军事家。

⑧杨贵妃原名杨玉环，号太真，是唐朝时期后妃、宫廷音乐家、舞蹈家，也是古代的四大美女之一。

讲唱者：朱宽永，原亭趾机械厂职工。韩美仙，女，运河街道唐公村村民。

吾唱山歌

吾唱山歌爱东方，东方日出亮堂堂。

十二甘罗①为丞相，姜太公②八十三岁遇文王。

吾唱山歌爱南方，孔孟子独人办学堂。

教出七十二个聪明子，个个中出状元榜眼探花郎。

吾唱山歌爱西方，杨四郎③围困在番邦。

六郎七郎回家转，杨五郎削发做和尚。

吾唱山歌爱北方，崔小姐烧香进庙堂。

话落张生到佛殿，莺莺小姐靠红娘④。

吾唱山歌爱中方，七十二只仙船一块相，

当中挂起活仙画，风吹铜铃切角晶晶亮。

①甘罗，战国末期下蔡（今颍上县甘罗乡）人。战国时期秦国名臣甘茂之孙，著名的少年政治家。自幼聪明过人，小小年纪便拜入秦国丞相吕不韦门下，任其少庶子。十二岁时出使赵国。

②姜太公，本名姜尚，字子牙，曾被封于吕地，故又称吕尚，被尊称为太公望，后人多称其为姜子牙、姜太公。中国历史上最享盛名的政治家、军事家和谋略家。

③杨四郎、杨五郎、杨六郎和杨七郎均为北宋名将杨业之子。武艺都十分高强。

④这里写的是《西厢记》里的故事。《西厢记》全名《崔莺莺待月西厢记》，元代著名杂剧作家王实甫所写。

讲唱者：宋彩堂，原博陆乡新圩村农民。

十二根烟管

第一根烟管乌木杠，赵匡胤①千里送京娘。

送了京娘八百里，还送康王二十里。

第二根烟管二头通，魏征②丞相斩老龙。

城外三千八百点，城内十万有余零。

第三根烟管时节头，时迁③轻功盗兵器，

铁打成交卢俊义④，要劫法场是石秀。

第四根烟管银子镶，许仙要配白娘娘，

断桥相会来搭话，儿子考中状元郎。

第五根烟管黄铜管，吕纯阳要配白牡丹⑤。

沉香劈山救母亲⑥，翠娥小姐配方卿⑦。

第六根烟管象牙镶，张生吃酒跳粉墙。

莺莺小姐托红娘，拷打红娘受冤枉。

再唱烟管第七根，单枪匹马小罗成。

秦琼上马来交战，李元霸⑧大战四平山。

第八根烟管是木香，刘备张飞关云长。

桃园结义三兄弟，手拿长枪赵子龙。

第九根烟管菊花黄，黄婆招姻武大郎，

西门庆搭识潘金莲，武松杀嫂判充军。

第十根烟管长又长，文必正⑨送花上楼堂，

万贯家产都勿顾，托媒卖身做书童。

十一根烟管是白银，献出美人王昭君⑩，

昭君出塞嫁单于，定国安邦立功臣。

十二烟管是黄金，八仙过海保安平，

人人都有凌云志，国泰民安镇乾坤。

①宋太祖赵匡胤，宋朝开国皇帝。

②魏征，唐朝政治家、思想家、文学家和史学家，因直言进谏，辅佐唐太宗共同创建"贞观之治"的大业，被后人称为"一代名相"。

③时迁是《水浒传》中的人物，以偷盗为业，能飞檐走壁，人称鼓上蚤。他曾在蓟州府吃官司，被蓟州两院押狱杨雄救下。

④卢俊义是中国著名古典小说《水浒传》中的经典人物形象之一，绰号"玉麒麟"，武艺高强，棍棒天下无双，江湖人称"河北三绝"。

⑤吕纯阳为传说中的八仙之一吕洞宾，选自神话小说《吕洞宾三戏白牡丹》。

⑥《劈山救母》又名《宝莲灯》，是中国古代神话传说之一，其故事情节为圣母与刘玺成婚，生下沉香。圣母之兄二郎神竟盗走宝莲灯将圣母压在华山之下。十五年后沉香学得武艺劈山救母，宝莲灯重放光明。

⑦方卿是虚构人物，人物原型来自明朝，故事源于《珍珠塔》，故事主人公方卿见姑，翠娥赠塔，陈王道嫁女的故事源远相传。

⑧李元霸，唐高祖李渊与窦皇后第三子。是古典小说《说唐》与评书《隋唐演义传》中的人物。隋唐第一猛将，传说为金翅大鹏雕转世。面如病鬼，骨瘦如柴，两臂有四象不过之力，无人能敌。使一对铁锤，四百斤一个，共重八百斤。坐骑为"万里云"，日行一万，夜走八千。

⑨文必正是戏剧《双珠凤》中的一个人物。写的是洛阳解元文必正在问心庵邂逅才女霍定金，无意中拾到了她的一支"珍珠凤"，意欲当面归还，却被定金婢女秋华所阻。于是他改名换姓，卖身到霍府为仆，伺机求爱。一日，必正奉太夫人之命去给定金送莲花，在途中被秋华拦住盘问，秋华见必正一片真诚，才华超群，便引他与定金相会，终使他俩面订终身。

⑩王昭君，名嫱，字昭君，乳名皓月，西汉南郡秭归（今湖北省宜昌市兴山县）人，与貂蝉、西施、杨玉环并称中国古代四大美女。章宁元年（前33年）正月，南匈奴呼韩邪单于来长安朝觐汉天子，自请为婿。元帝遂将昭君赐给了呼韩邪单于。

单于非常高兴，上书表示愿意永保塞上边境。昭君出塞后的几十年时间里，汉匈两家一直保持了友好和睦关系。

（渔民在外出捕鱼时，同行凑合而成。）

十把扇子

第一把扇子金闪闪，轻轻扇起有风来。

扇了半年零六日，挂起扇子菊花开。

第二把扇子两面红，早遮日头晚招风。

别人借去吾不计，晚间还我青纱帐里赶蚊虫。

第三把扇子笑艾艾，三朵荷花一同开。

东边透起梁山伯，西边要透祝英台。

第四把扇子四角衬，扇中出了八角亭。

八角亭里一位千金女，王昭君出生是姊归人。

第五把扇子紫兰香，弯弯曲曲像刁娘。

姜太公①钓鱼船头上，出门碰见周文王。

第六把扇子嚓嚓声，何文秀②落难唱道情。

一唱唱到苏州城里横塘起，连夜搬到海宁城。

第七把扇子七秋凉，武大郎卖饼勿回乡。

金莲躺在仙女厅，武松杀嫂把梁山上。

第八把扇子八朵花，孟良③出门采菊花。

他一人坐在花园里，八月中秋夜里吃酒讲夜话。

第九把扇子九曲弯，九重仙子九重山。

天上乌云团团转，西霄云里出龙来。

第十把扇子白洋洋，刘备张飞关云长。

三人结拜四兄弟，四弟子龙提长枪。

①姜太公姓姜名尚，又名子牙。有一次，周文王外出打猎，在渭水的支流磻溪边上遇见了一位钓鱼的老人。老人须发斑白，看去有七八十岁了。奇怪的是他一边钓鱼，一边嘴里不断地唠叨："快上钩呀上钩！愿意上钩的快来上钩!"再一看，老人钓鱼的鱼钩离水面有三尺高，并且是直的，不是弯的，上面也没有钓饵。文王看了很纳闷，就过去和老人攀谈起来。两人谈得极为投机，即拜为师。姜太公先被立为国师，后升为国相，帮助周文王整顿政治和军事，对内发展生产，使人民安居乐业；对外征服部族，开拓疆土，削弱商朝的力量。

②《何文秀》是越剧传统剧目。该剧目取材于明传奇《何文秀玉钗记》，讲述了明嘉靖年间，"严党"专权残害礼部侍郎何忠一家，其子何文秀携妻王兰英连夜离家奔命途中，在海宁被恶霸张堂陷害。侥幸逃生三年后，何文秀金榜题名，沉冤昭雪。

③孟良和焦赞是杨家将中两员都以勇猛著称的大将，常常一起出场，被称为"焦不离孟，孟不离焦"。

讲唱者：徐芳仙，女，原博陆乡新圩村农民。

十好汉

一人一马动刀枪，岳飞枪挑小梁王①。

赤胆忠心保宋室，风波亭上命难逃。

两主斗智孙仲谋②，两将结义兄弟亲。

为报深仇去借兵，翻面无情不认人。

三笑姻缘唐伯虎，华府烧香到苏州。

一见秋香魂飘散，卖身投靠做书僮。

四郎失落在番邦，招了驸马成了亲。

听说娘亲解粮到，盗令出关见母亲。

伍子胥③落难出韶关，为报亲仇去投吴。

韶关一夜白了头，全家死在平王手。

六出祁山诸葛亮，三顾茅庐仁义重。

火烧赤壁破曹军，鞠躬尽瘁五丈原。

七月七日长生殿，唐明皇与杨太真。

二人盟下同生死，马嵬坡下命归阴④。

八仙过海⑤吕洞宾，铁卦葫芦拿在手。

何仙姑与蓝采和，天上神仙人间有。

九反中华金兀术⑥，他是金邦四太子。

大兵来到中原地，到后死在牛皋⑦手。

十面埋伏楚霸王⑧，九嶷山下作战场。

为了不听花僧话，死在胯夫韩信⑨手。

①岳飞是我国南宋时杰出的军事家，著名的民族英雄。这里是指有一年，朝廷举行武考，小梁王被岳飞挑下马来结果了性命，岳飞夺得武状元的故事。

②孙权，字仲谋，吴郡富春（今浙江富阳）人。三国时代东吴的建立者。

③伍子胥，楚国人，春秋末期吴国大夫、军事家。

④《马嵬二首》是唐代诗人李商隐创作的两首咏史诗，一为七绝，一为七律。该诗都以唐玄宗、杨贵妃的故事为抒情对象，诗中隐含作者对唐玄宗的强烈批评之意。

⑤八仙过海的故事，最早见于杂剧《争玉板八仙过海》中。相传白云仙长在蓬莱仙岛牡丹盛开时，邀请八仙及五圣共襄盛举，回程时铁拐李建议不搭船而各自想办法，就是后来"八仙过海、各显神通"的起源。后来，人们把这个典故用来比喻那些依靠自己的特别能力而创造奇迹的事。八仙是指铁拐李、钟离权、蓝采和、张果老、何仙姑、吕洞宾、韩湘子、曹国舅。

⑥金兀术，金太祖完颜阿骨打第四子，金朝名将，开国功臣。

⑦牛皋，与岳飞同为南宋抗金名将。岳飞被害后，因始终反对宋金议和被秦桧害死。

⑧楚霸王即项羽，当陈胜、吴广起义失败后，他力举义旗，大破秦兵，率诸侯入关，杀秦王子婴，焚咸阳，自称西楚霸王。但在与刘邦楚汉争战中失败，感到无颜见江东父老，突围至乌江边自刎而死。

⑨韩信，西汉开国功臣，中国历史上杰出的军事家，与萧何、张良并列为汉初三杰。

讲唱者：宋彩堂，原博陆乡新圩村农民。

十二字头

一字要唱一划里介长，肩背琵琶赵五娘①。

大闹天宫孙行者，身藏宝剑吕纯阳②。

二字要唱二兄弟，秦叔宝③碰上尉迟恭④。

尉迟恭想起薛仁贵，仁贵跨海去征东。

三字要唱蔡伯喈⑤，孟姜女出门去寻夫。

肩背包裹手拿伞，来到长城哭丈夫。

大哭三声长城到，又哭三声倒长城。

四字要唱四角方，岳飞抢挑小梁王。

甘罗十二为丞相，姜太公八十三岁遇文王。

五字要唱高楼厅，杨宗保⑥捆绑在辕门。

北岳王口吐神来血，穆桂英大破天门阵。

六字要唱六样样，赵匡胤河北送京娘。

我本朝做官圣旨亮，磨房受苦李三娘⑦。

七字写起像刀锋，刘备就靠赵子龙。

周瑜要打黄盖亲，诸葛亮台上借东风。

八字想起杨老令，高台点将是韩信。

霸王江山该要失，一夜工夫退掉十万八千铁骑兵。

九字要唱弯里弯，高德怀出门摆擂台。

擂台要打先锋台，打进皇城做千岁。

十字要唱十样样，刘秀⑧逃出潼关到南阳。

桃园结义三兄弟，擂鼓三通斩蔡阳⑨。

十一字要唱天门阵，天门阵里是有包文正。

包文正要审西天七十九件无头案，单怕西天这只白虎精。

十二字要唱十丈高，蔡状元起造洛阳桥⑩。

文武百官都来到，四海龙王兔三潮。

①赵五娘是戏剧《琵琶记》中塑造得最为成功、最为震撼人心的人物形象。秀才蔡伯喈上京应试，得中状元，被马相爷看中，欲招赘为婿。伯喈思念妻赵五娘，不从，马相爷以皇旨相压，并命伯喈好友临摹伯喈笔迹，逼赵五娘改嫁。伯喈家乡连年大旱，五娘吃糠敬养公婆。公婆得知伯喈入赘相府，含恨而死。五娘剪卖青丝，埋葬双亲，上京寻夫。

②吕纯阳即八仙之一的吕洞宾。

③秦叔宝即秦琼，隋末唐初名将。

④尉迟恭，唐朝名将，官至右武侯大将军。

⑤蔡邕，字伯喈，东汉文学家、书法家，蔡文姬父，曾任左中郎将，故又称蔡中郎。宋、明时，民间将《琵琶记》故事中赵五娘的丈夫附会成蔡伯喈，所以蔡伯喈很为民间所熟悉。

⑥杨宗保和穆桂英，均为《杨家将传》《杨家将演义》等小说中的人物。

⑦李三娘，后汉高祖刘知远的皇后。刘知远与李氏的爱情故事，被元人刘唐卿改编成《刘知远白兔记》南戏，京剧以及川、滇、湘、豫等地方剧种，有《磨房产子》《井台会》《磨房会》《红袍记》等剧目，李氏在戏中称李三娘，成为家喻户晓的人物。

⑧汉世祖光武皇帝刘秀，东汉开国皇帝，中国历史上著名的政治家、军事家。

⑨蔡阳，东汉末年曹操部将。明代小说《三国演义》改编为"云长擂鼓斩蔡阳"。

⑩洛阳桥，原名叫做"万安桥"。是北宋泉州太守蔡襄主持的建桥工程。距福建泉州城5公里。

此唱词另有"十事头"，形式基本相同，其首句为"一事想起""一字写来"式。内容亦都为传统故事，但文句中的故事零乱穿插，均因歌手记忆和理解水平之故。此歌记录有些仍保留原貌，有些作适当修改。

讲唱者：胡福荣，原五杭乡农民。

十二月悲叹山歌

正月梅花占百魁，黄忠①受托意徘徊。

相如一念无更改，后来总得福齐眉。

二月仲春杏花天，六国封赠喜客颜。

当初不第回家转，父母妻嫂欠周全。

三月桃花满树红，昭君洒泪去和番。

一朝撇去刘天子，哀哀哭出雁门关。

四月清和开蔷薇，朱买臣②配不贤妻。

逼休改嫁张木匠，马前泼水两分离。

五月石榴红似火，西施③进贡献东吴。

伯嚭④谗言真厉害，屈害忠良伍子胥。

六月荷花透水开，六郎盗骨转家来。

弟兄相会葫芦谷，各诉衷肠苦满怀。

七月凤仙铺满地，蔡伯喈牛府招了亲。

描容别坟赵五娘，剪发卖发泪淋淋。

八月中秋木樨香，貂婵⑤园内拜穹苍。

王司徒设连环计，董卓⑥奸臣一夕亡。

九月菊花似黄金，卖身葬父董延平⑦。

槐荫相会天仙女，织绢还债天赐金。

十月芙蓉润小春，喜良奉命造长城。

一别家乡无音讯，姜女送衣去追寻。

十一月中瑞香馨，金榜题名王十朋⑧。

上疏复业未招纳，玉莲小姐去投江。

十二月里腊梅香，吕蒙正⑨破窑真凄凉。

投齐却遇奸臣笑，雪里归窑愁满肠。

①黄忠，东汉末年蜀汉名将。

②朱买臣，西汉大臣。朱买臣家贫好学，靠卖柴生活。朱买臣娶妻崔氏，起初夫妻倒还恩爱。后来崔氏过不了清苦的生活，想要改嫁家道殷实的张木匠，提出要朱买臣写下休书。不久，朱买臣因才能惊动了汉武帝。在汉武帝得知朱买臣赋闲在家之后，封朱买臣为太守。崔氏得知后，心想木匠怎能跟太守相比？她蓬头垢面，赤着双足，跑到朱买臣面前，苦苦哀求允许自己回到朱家。骑在高头大马上的朱买臣若有所思，让人端来一盆清水泼在马前，告诉崔氏，若能将泼在地上的水收回盆中，他就答应她回来。崔氏闻言，知道缘分已尽。她羞愧难当，自尽而死。

③西施，春秋时期越国美女。越王勾践在对吴国战争中失利后，采纳文仲"伐吴九术"之四"遗美女以惑其心，而乱其谋"的策略，将西施、郑旦二人献于吴王。吴王夫差大悦，沉溺酒色，荒于国政。后来吴国被越国所灭。西施列古代四大美女之首。

④伯嚭，春秋后期吴国大夫，吴王夫差时任太宰，又称太宰嚭。

⑤貂蝉，民间传说古代四大美女之一。生活年代约在东汉末年，事迹大多出现在说书话本的故事当中，最后由《三国演义》作者罗贯中整理创作出一个完整的形象。

⑥董卓，东汉末年军阀和权臣，其种种暴行使之成为中国历史上总体评价极其负面的人物之一。

⑦卖身葬父是指董永少年丧母，其后父亲亡故，董永卖身至一富家为奴，得钱葬父。

⑧王十朋，南宋著名政治家、诗人、爱国名臣。

⑨吕蒙正，北宋初年宰相。其出身贫寒，年轻的时候，曾经和寇准一起在破窑读书，体会了人间冷暖。后来做了宰相，更体会到人心的宠辱。所以他写了一首《破窑赋》。

讲唱者：宋彩堂，原博陆乡新圩村农民。

十只台子

第一只台子四角方，岳飞枪挑小梁王。

武松手托千斤石，太公八十遇文王。

第二只台子凑成双，辕门斩子杨六郎。

诸葛亮要把东风借，三气周瑜芦花荡^①。

第三只台子桃花红，百万军中赵子龙。

文武全才贵府子，连环巧计是庞统^②。

第四只台子四角平，吕蒙正落难破窑登。

朱买臣上山打柴肩挑卖，何文秀四面察访唱道情。

第五只台子是端阳，莺莺小姐去烧香。

红娘月下偷棋子，勾引张生跳粉墙。

第六只台子荷花放，阎婆惜活捉张三郎。

宋江投奔梁山上，沙滩救主小成王。

第七只台子是七巧，蔡学士去造洛阳桥。

观音龙女来作法，四海龙王早来朝。

第八只台子只只好，昆仑月下闹更宵。

判断阴阳包文正，张飞吓退坝陵桥。

第九只台子菊花黄，王婆照应武大郎。

潘金莲搭识西门庆，药杀亲夫见阎王。

第十只台子唱完成，唐僧西天去取经。

途中全是鬼怪精，孙悟空领路前头走，

取得真经大功劳。

①诸葛亮三气周瑜是《三国演义》中的故事。

②庞统，东汉末年刘备帐下重要谋士，与诸葛亮同拜为军师中郎将。

讲唱者：朱宽永，原亭趾乡机械厂职工。

十绣荷包

荷包要绣第一套，第一套荷包要绣啥花招。

妹子肚里真细巧，蔡状元起造洛阳桥。

荷包要绣第二套，第二套荷包要绣啥花招。

妹子肚里固然好，武松杀死亲嫂嫂。

荷包要绣第三套，第三套荷包要绣啥花招。

妹子肚里真奥妙，八仙过海浪滔滔。

荷包要绣第四套，第四套荷包要绣啥花招。

妹子肚里碧波清，隋唐好汉小罗成。

荷包要绣第五套，第五套荷包要绣啥花招。

妹子肚里刮刮叫，九斤姑娘①巧斗石二佬。

荷包要绣第六套，第六套荷包要绣啥花招。

妹子肚里有数了，海宁出个陈阁老②。

荷包要绣第七套，第七套荷包要绣啥花招。

妹子肚里好又好，九天仙女步步高。

荷包要绣第八套，第八套荷包要绣啥花招。

妹子肚里不虚传，薛仁贵讨饭到王位。

荷包要绣第九套，第九套荷包要绣啥花招。

妹子肚里冲九霄，力大无穷李成孝。

荷包要绣第十套，第十套荷包要绣啥花招。

妹子肚里有文才，王母③做寿上瑶台。

①《九斤姑娘》是越剧传统剧目，根据原为独立又相连的传统剧《箍桶记》和《相骂本》改编而成。写箍桶匠张天保之女九斤姑娘聪明能干，被财主石二娶作第三房当家媳妇。九斤过门，遭妯娌嫉妒，愤而回娘家。后来三叔婆豢养的猫在石家偷食被杀，趁机向石二敲诈，石二请回九斤，制服了耍泼的三叔婆。

②陈阁老，即清代太子太傅、文渊阁大学士、礼部尚书转工部尚书陈元龙，世称广陵相国，亦称海宁相国。

③王母娘娘，又称太华西真万炁祖母元君、九灵太妙龟山金母、太灵九光龟台金母、瑶池金母、金母元君、西王母等。明清时代，王母娘娘在中国民间善男信女中的地位非常之高，影响遍及整个中国。王母娘娘之所以如此受到中国民间的信仰崇拜，是因为她有不死之药，能使人长生不老。

此歌流传较广，变异也大，内容一般根据演唱者的记忆力和文化水平发挥。

讲唱者：宋彩堂，原博陆乡新圩村农民。

双玉镯（夹板书）

（一）

（白）大明江山，传到后期，朝廷腐败，朋党倾轧，宦官揽权，王公勋贵夺地侵财，造成很多冤案。今天唱的"双玉镯"，是讲顾鼎臣晚年弃官还乡，回到昆山玉龙镇，铲除官宦子弟、作恶多端的王飞虎，搭救开国元勋常遇春的后代常子文的故事。现在唱的一段顾鼎臣邂逅小林村①，常子文之妻陆素贞巧遇顾王爷接镯拜亲认父。

（唱）唱书要唱"双玉镯"，顾家门史开头明，

说起王爷顾鼎臣呀，他抱正东②万岁登基坐龙庭，

三个儿子在朝廷，皇城大权一半里格拎。

大子顾玉祥，吏部尚书在京城，

二子顾玉萍，户部尚书为官正，

三子玉珊是法师，刑部大堂在朝廷，

王爷顾鼎臣，他告老还乡回到玉龙镇。（板）

三月初三近清明，百年难逢岁朝春，

只因女儿命归阴，墓基落在小林村，

思念女儿忌日到，王爷心中正烦闷，

一来游玩散心观野景，二来看望女儿姑娘坟。

银銮殿上改衣襟，有官打扮无官人，

无官打扮江湖人，前头不带旗牌并三军，

后头不带护身人，阳关大道一直里格行。（板）

王爷离开玉龙顾家门，刚刚五更调白③大天明，

东方日头红映映，王爷呀二只眼睛精呀精，

近看景色清又明，杨柳百花水灵灵，

脚踏青草绿茵茵，萝卜开花白如银，

樱桃花开联齐整，桃花开来红屯屯，

度麦④开花像龙灯，油菜花开是黄金落地分，

蚕豆花开有黑心，王爷突然心勿定。

（白）我道是哪有这种黑心之花！怪不得，

（唱）这朝中出奸臣呀（板）

路上有事路上唱，路上无事快得很，

路前寻思十里亭，小林村上到来临。

东南头上格仑仑⑤，西南头上透乌云，

格仑格仑三格仑，老天下雨度得很呀。

（白）"苍天呀苍天，正好老夫出外游玩，为何你与老夫作对！"王爷来到小林村，刚刚天空下雨，雨量来得大，雷声来得紧张，豁闪来得急促，他就走到一家门前躲雨。原来这个家门就是常子文和陆素贞夫妻二人在小林村避难的住所，不说王爷，要讲素贞呀！

（唱）老天下雨雨势紧，素贞到外面收衣衾，

急急忙忙往外行，只见门外一老人。

（白）陆素贞来到外旁，收拾衣衾回转，只见一位年老之人，在家门外。她想老天下雨，不如请他进屋坐坐。素贞果然伶俐聪明，就说："老公公呀，我看老天下雨，来我家耽误一宿，等天色转好，再赶路去吧。"顾王爷想想不错，急忙转身就往屋里走去。

（唱）陆素贞前面急急走，顾王爷后面紧紧跟呀，

（板）素贞回转身来看，单看这位年迈人，

一半相貌像个田庄乡下人，又不像江湖人，

步步行路真好比，朝中为官人。

又见王爷两只眼睛精又精，看看素贞不像田庄姑娘们，

二不像乡下人，步步行路好比是黄花闺女真千金。

王爷到了素贞家里脚立定，陆素贞想想坍塌台塌到脚后跟，

东也寻来西也寻，家里并无一只凳，

搬只"龙床"来坐坐定呀。（板）

（白）陆素贞是陆兵部之女，她的丈夫原名常子文，是大明元勋常遇春之孙，常宝图之子；只因两家蒙冤革职，夫妻二人来到小林村坟庄避难，易姓改名林子文。现在她领来这位老人，看看并无椅凳，只得把一张木床拉出，她叫"龙床"，让王爷坐下："老公公呀，龙床请坐！"

（唱）那顾王爷呀，就介只龙床上面坐坐定。（板）

（白）王爷说："老夫在朝伴君，皇城才有龙床，乡下人家哪有龙床！"顾王爷说罢坐倒去就哈哈大笑。因为介只龙床一坐落去，脚脯头刚刚碰到泥地。陆素贞见王爷坐定，急忙回转屋里，拿了早晨吃剩的一些镬饲①，淘了三碗开水，把了点糖，烧上一把火，端了一盘送了上来说："老公公呀请用一碗汤吧！"王爷一早出门，刚觉口渴，接到手里，嘴巴一喝，又是香又是甜。素贞正站在对面，王爷就说："姑娘，我来问你，这碗叫什么汤？"素贞心想，这总不能就叫镬饲汤，她回答说："这碗汤的官名叫五焦碧瓜汤呀。"王爷说："老夫在朝伴君，这五焦碧瓜汤——

（唱）我从来未尝新呀！"（板）

日中午到来临，素贞急忙往里行，

灶房间里办点心。

（白）豆芽菜、菠菜、豆腐干、鸡蛋、水蒸晚米饭端到外面，摆在桌上。"老公公呀，我看午时已到，请在我家便饭。"顾王爷肚里是饿了，就立起身来，走到桌旁坐定，拿起筷子就划一口饭来，夹一口菜。

（唱）划口饭来夹口菜，小菜要吃第一碗，

第一碗菜是什么菜,

(白)头上两张叶片,下面一个根,王爷一吃扑滋扑滋,就问:"姑娘,我来问你,这碗菜叫何名堂?"陆素贞想这难道就叫豆芽菜,就说:

(唱)取一个官名叫真金如玉菜呀,

(白)这真金如玉菜,老夫在朝伴君从来没有吃过。 (板)

(唱)划口饭来夹口菜,小菜要吃第二碗,

第二碗小菜叫什么,王爷肚里勿明白。

(白)叶片是青蓬蓬,根子是火火红,吃起来是软土土,姑娘,这碗菜又叫何名堂?"陆素贞想能叫菠菜吗,

(唱)取一个官名叫红口绿鹦哥呀,

红口绿鹦哥吃干净,小菜要吃第三碗,

划口饭来吃口菜,第三碗菜来……

(白)王爷将筷一夹,半腰里就断了,外面黄焦焦,里面雪雪白,可是吃起来,没有骨头又是香。王爷问素贞是什么菜,素贞没讲是油煎豆腐,又给它取了名字说是叫金镶白玉嵌呀!王爷哈哈大笑,又吃第四碗菜,王爷将筷一夹,卜落托跌在碗里,夹了又夹,都是卜落托跌落,王爷就用手五爪擒龙放在嘴里,吃得又香又软,这是白水鸡蛋,可是素贞又给它取了个官名叫未出公鸡如意蛋呀。 (板)

(唱)四碗菜蔬一碗饭,五碗统统都勿剩,

只见东南头上无雷声,西南头上退乌云,

王爷拔脚就要赶路程,素贞后面紧紧跟,

回转身来看一看,单见姑娘脸上勿开心。

(白)啊呀,我倒忘了,吃了饭怎么就走,我吃了五焦碧瓜汤、真金如玉菜、红口绿鹦哥、金镶白玉嵌、未出公鸡如意蛋这五碗佳肴,要多少银两。因为顾王爷私行出访,身上仅带三十两银子,就摸出这三十两银子送与陆素贞。陆素贞不肯接受,心想,这老公公三次讲起在朝伴

君，跟我父亲定是同僚，我从小没有父亲，不如认作干爹，就说："老公公呀，你今日出游，是你姑娘忌日。我也从小丧父，就作老公公的干女儿罢。"当即跪下磕头说："爹爹在上，女儿拜揖。"

王爷心中欢喜哈哈大笑，也即忙说："儿呀！起来，起来！"

（唱）王爷二次拔脚赶路程，素贞后面送动身，

王爷回过头来看，女儿脸上还是勿开心。

（白）王爷又把三十两银子摸出要赠予素贞作礼品，素贞是大家闺秀，金银财宝见过多多少少，她哪里肯收银两。王爷心想，身上只有两只玉镯了，但是：

（唱）说起王爷两只玉镯带在身，原是为了保护身，

年老之人去行走，保护路头之上能安定。

（白）王爷拿下一只玉镯交与陆素贞："儿呀，这是为父传家之宝，要好好看管。"素贞接过玉镯，知道非是寻常之物，就戴在手上，拜谢干爹。

（唱）王爷三次拔脚赶路程，女儿姑娘后面送动身，

王爷又是回过头来看，女儿脸上还是眉皱紧。

（白）儿呀，为何脸上愁眉不展。

（唱）小林村上亏待你，为父面前讲一声。

说起姑娘陆素贞，回过头来叫父听。

（白）爹爹呀，不知你爹爹家住哪里，尊姓大名？

（唱）儿呀，你大灾大难大事情，来到昆山玉龙镇，

大大麻子叫三声，就是为父的大名姓呀！

（白）王爷的这张嘴巴是金口，三月初三说，素贞初四大难就来临，丈夫遭灾成了绿林大盗，关进昆山县城，陆素贞当时哪里会晓得。（板）

（唱）素贞脸上笑盈盈，王爷离开素贞小家庭，

王爷离开素贞家，外面阳关大道一直行。

父亲路头上面要当心，三叉路口要问清，

王爷游玩看风景，素贞回转自家门，

三月初三唱完成，初四一天就有事情，

王七虎来到小林村，林子文抗暴被押当绿林。

（二）

（唱）初三王爷回转玉龙镇，初四素贞家里出事情，

都因王家门里王七虎，原是兵部侍郎公子身，

依仗父亲权和势，要抢美女带身跟。（板）

这一天王七虎这小奸人，带领王福王寿二家丁，

他离开王家书房门，花园里百花齐放正茂盛，

梧桐树边一脚走，棕榈树下快步行，

牡丹亭上勿肯坐，荷花塘边也无心，

九曲桥上三步跨，四只狮子呆瞪瞪，

石匠师傅真聪敏，两旁石凳凿花纹，

他钻过假山桃源洞，离开王家赶路程，

穿过一条长兴弄，昆山街上闹市行，

天色虽好正清明，昆山街头少行人，

得知七虎出家门，街坊上面路人逃干净，

二位家丁也聪明，提请公子别路行。

（白）少爷公子呀，今早街坊并无姑娘们，听得小林村里林度阿嫂生得真齐整⑦，我们不如……（板）

（唱）王七虎，小奸人，带领家丁来到小林村，

吩咐家丁三叉路口立定身，来路客商不得进小林，

若是有人敢勿听，就要带到昆山县里进牢门，

众位客家谁有胆，只好另寻大路赶路程。

王七虎东一张来西一望，只见林度阿嫂门前坐定身，

一步跨进素贞门，调戏嫂嫂陆素贞，

素贞哪里肯应承，王七虎他硬软手段都用尽。（板）

现在单唱林子文，肩背铁耙进家门，

三叉路口遇家丁，不让走进小林村。

"我家原是住小林，为什么如此不容情！"

（白）今天是我家公子少爷在林度阿嫂家里办私情。

（唱）子文一听怒气生，抓住家丁打一顿，

急急忙忙回家去，只见奸人眼睛瞪得像铜铃，

一把柯牢王七虎，从里面掼到外面道地心⑧，

还要前去打一顿，素贞劝说丈夫勿要起杀心，

我们都是躲难人，他是皇家公子怎能碰，

若是我俩死去还可说，这也原是小事情，

奸人哪能放过小林村，会害老百姓和乡下人。

（白）林子文一脚松开王七虎，二名家丁扶着公子少爷，回转昆山城。

（唱）王七虎三月初四小林行，到家已是黄昏尽，

偷鸡不着蚀把米，他在书房里面想法门。

叫来王福和王寿，要让他们俩动脑筋：

"若要官司能打赢，王家门里要死一个人。"

"就说王家老家人，收账路过小林村，

林子文杀掉老家人，抢我王家雪花银。"

"抓他昆山县城里，说他汪洋大盗是绿林。"

王七虎计谋定，叫来王安老家人，

三更用酒给灌醉，杀死王安把尸体抬到小林村。

三春天气四更还勿到，林度阿嫂心勿定。

夫妻二人共合计，准备离开小林逃难身，

205

五更不到未调白，开了大门想动身，

只听四面铜锣响，喊声要捉汪洋大盗林子文，

早有王家家丁埋伏好，王安尸体就在素贞家门脚跟，

账簿已经碎纷纷，旁边还有雪花银，

子文刚要开出门，查问震天动地为何因，

没等说明就被捆，立即押进了县衙门，

昆山县官杨庭真，原是王家心腹人，

这人为官哪能清，可怜林子文落难受苦刑。

（三）

（唱）丈夫拘进昆山县衙门，素贞在家勿定心，

想起干爹早已来说明，大灾大难大事情，

可到昆山玉龙镇，大大麻子叫三声。

三月初八呀，三月初八刚早晨，

王爷起身坐在银銮殿，耳听外面动哭声，

二位夫人立在身，都说家里没事情，

吩咐兰英小丫环，急忙出外去查问。

（白）兰英丫环过来！门外何人啼哭？府内无事，快到府外查来，原来是：

（唱）玉龙镇上顾家门，家员门丁四百零，

三千精兵保护银銮殿，素贞哪里能进王爷门。

（白）三月初八素贞来到玉龙镇，走到顾府门前，她说要参见继父，问她继父名讳，说是叫大大麻子，刚刚说出大字，顾虎一听，一掌打去，那小小性命早已活不成啊！（末句唱转板）

（唱）舌头面上翻个身，兰英来到正阳门，

只见姑娘哭咽咽，高声喊叫见父亲。

（白）你这位姑娘为何啼哭，王爷早已通晓，快快回家而去，就饶你性命，如若再哭，重重责打。陆素贞说：顾家大姐，你哪里知晓，就把王爷三月初三游玩小林村，收她为干女儿，和初四王七虎来抢亲，丈夫投在昆山衙门事情说得清清爽爽。

（唱）若是大姐勿相信，请把玉镯报父亲。

王爷坐在银銮殿，耳朵边只听见隐心号哭声，

只见兰英上殿来，立即问明啥事情，

兰英把素贞话语重叙述，王爷吩咐北桥上面接素贞，

原是女儿姑娘有大难，迎接姑娘银銮殿上见分明。（板）

（白）众丫环一听是迎接顾小姐，立即命令轿夫打轿来到北桥上面等候，只见素贞过来，丫环齐声叫道：顾小姐上轿，顾小姐上了轿，打轿抬进顾家。

（唱）轿杠麻绳扎扎紧，北桥上面迎素贞。

轿子抬进金墙门，只见姑娘泪盈盈，

轿子打开门，银銮殿已到来临，

王爷领着三夫人，我儿我儿叫不停，

丫环扶着顾小姐，请她王爷前面来坐定，

三位夫人吃一惊，女儿姑娘为何这般罗裙碎零零，

王爷也是弄不清，见她一头乌丝乱纷纷，

嘱咐夫人为她整一整，三位夫人都要到自己房里换衣装，（板）

三位夫人吵矛盾，王爷真叫急煞人，

只好把素贞分成三等份，头顶、上身和下身。

大夫人房中去梳头，满头青丝亮晶晶，

插上钗佩值千金，眉毛八字画齐整，

樱桃小口红润润，一口牙齿白如银，

远看近看都变样，打扮像个活观音。

二夫人丫环早已堂里等，烧汤沐浴换衣身，

三十六只龙箱都开挺，女儿姑娘你要红要绿随自心。

（白）陆素贞心想，我不是来穿衣裳的，而是为了请王爷给丈夫救命的，哪有心思讲究穿戴，就说：

（唱）我不穿红不着绿，随便衣裳穿一身，

夫人哪里肯答应，把素贞上身穿得麻凛凛⑨，

上身已经改齐整，下身的确勿大灵，

三夫人房里换下身，也是三十六只龙箱都开挺，

素贞随便穿一条，穿得走路也木星星⑩。

女儿姑娘真像另一人，桃花眼睛水灵灵，

丁香奶奶鼓顿顿，三寸金莲只有二寸七八分，

赛过普渡观世音，活像西宫娘娘殿中行。

王爷早坐银銮殿，三位夫人围得紧，

素贞姑娘坐一旁，众多丫环一层又一层。

银銮殿上摆筵席，宴请姑娘定定心。

素贞哪有心思吃，不看海味和山珍，

夫人都劝姑娘酒，可是素贞脸色还是阴沉沉。（板）

（白）三位夫人都讲姑娘吃、吃、吃，只见姑娘还是实介⑪勿开心。顾王爷讲：儿呀，你到我家就要和在家时一样。丫环们心里更加糊涂，不敢乱讲，大夫人想，女儿姑娘来到家，没有零用铜钿放身跟⑫。

（唱）吩咐兰英小丫头，房里去取雪花银，

丫环立即回前庭，五十两银子响叮叮，

夫人一手交小姐，说是见面铜钿勿嫌轻。

二夫人也给五十两，三夫人当这姑娘是乡下人，

拿出银子一百两，只望姑娘就开心。

可是姑娘还是无笑脸，王爷心中猜勿定，

忙叫姑娘勿伤心，昆山县粮草都给女儿放身跟。

（白）原来是王爷抱皇登基坐龙廷，他的功劳大得很，年迈交接回

到玉龙镇，皇帝赐给整个昆山县城的粮草不交国库，全由他使用。可是王爷这话还是不能打动素贞的心。

（唱）王爷回头叫一声，女儿姑娘你听清，

若是小林村上亏待你，为父面前讲一声。

姑娘刚刚想开口，大夫人肚里拎一拎，

叫来家院家丁四百零，参见小姐领去雪花银，

丫环家员都见过，四名家将到前庭，

顾龙顾虎顾文顾武齐行礼，素贞见了顾虎吓得站起身，

好在有只玉镯保，要不是小姐这条小命也归阴。

王爷大怒抓顾虎，素贞婉言去讲情：

我末从小有点小毛病，勿怨顾虎小家军，

顾虎原是保爹心，快快放他回自门。

顾虎参见顾小姐，想想是个忠良人，

素贞肚里终不平，暗想陆家代代为官正，

父亲陆兵部，独掌兵权是官身，

如今落难躲小林，想来想去心中勿开心。

（白）大夫人说，老爷啊，你在家中从未吃过闷酒，今天小姐进府，你光吃闷酒会伤身，还是吩咐家人去到昆山县里叫台戏文来唱唱吧！

（唱）顾家银銮殿上冷清清，夫人提议也是灵，

素贞进府唱完成，兰英要到昆山县城请戏文。

（四）

（唱）台上丫环水灵灵，素贞脸上还是哭咽咽，

大夫人请她来堂上，自己房中定定心，

一路走来一路劝，女儿姑娘三个牙齿打得紧，

女儿呀！你三个哥哥在朝廷，

你有冤枉压在心，如今可以申一申。

素贞上前叫母亲，女儿有话讲你听，

只因王家门里小奸人，仗势欺人来小林，

将我丈夫打一顿，初五拘进县衙门。

县官为人勿清正，怨屈我夫林子文。

姑娘勿要动哭声，为娘去同你父说一声，

夫人急忙下楼去，一步一步快得很，

银銮殿上见王爷，从头到尾讲灵清，

立即发去令旗和令箭，直到昆山县衙门，

叫他县令杨廷正，放出贤婿坐监人。

县官得令找犯人，可是没写姓和名。

（白）上面只写"高山二重木，花开花结果，天下无等重"。说此人就是顾家贤婿的名和姓，可是查遍犯人名册，狱中没有一个顾府亲戚朋友们。

（唱）县官来到公堂上，吩咐绍兴、湖州师爷想法子，

绍兴师爷开言说，犯人就叫林子文，

高山重木是为林，花开结果子字明，

天下无重是文字，湖州师爷不大信，

一是顾家旗杆要换新，二是顾家花园树遮阴，

第三是，顾家还想要黄金。

二个师爷吵矛盾，杨廷正心中勿高兴，

亲自来到顾家门，请问王爷贤婿名，

丫环挡驾在外门，想想实在急煞人，

光要一百廿斤净光肉，不要多一斤也少一斤。

杨廷正回到监牢里，拿了大秤秤犯人，

有的只有一百十几斤，有的只有一百零，

县令打开库房门，拿出银子买鱼买肉请犯人。

犯人吃了鱼和肉，有的重了七八斤，

轮到犯人林子文，轻时五十斤，重时五百零，

牢里没有大杠秤，只好再到顾家问名姓，

这个犯人无处访，二个师爷都吃批评，

就在这时听到北京旗牌到来临，林子文死活文书就在县衙门。

刑部文书已写明，五月初五他头和身要两处分。 （板）

舌头上面翻个身，王爷银銮殿上来坐定，

亲自提笔打书信，打封书信到京城，

上写着，昆山顾鼎臣，下面写有顾老二，

王爷把"二"字写端正。

小林村上林子文，诬为江洋大盗杀了王家老家人，

抢去雪花银。如今玉珊批书昆山县衙门，

若或杀了我婿林子文，我要你们兄弟命，

即刻回到玉龙镇，你们三个头要和肩胛一样平，

书信上面写得真，送信就叫顾丁小家军。

（白）顾丁小家军，参见王爷，拿了书信，跨上高头白马一匹，立刻要动身呀！

（唱）王爷是三月十七出的印，四月十七秤犯人，

今天五月初一快天明，顾丁是要五天五夜赶路程，

离开顾府向北行，催马加鞭快得很，

一封书信捆身跟，干粮银子都带尽，

抬头前面一个小山岭，小小山岭停一停，

问过路程还有一千零，马不停蹄赶路行。

下山容易上山难，马脚蹩在正当心[13]。

顾丁送信赶时辰，回信要在五月初五午时正。

路上有事路上唱，路上无事快得很，

舌头上面翻个身，五月初三近黄昏，

来到刑部大堂门，通报刑部大人接家信。

（白）门上通报后，顾玉珊堂上坐定接读家书。

（唱）说起顾玉珊，迎进顾丁小家军，

家军连夜赶京城，猜想家里出事情，

邀来大哥顾玉祥，二哥玉萍兄弟三人看家信，

大哥玉祥朝南坐，玉萍玉珊对面蹲。

介封书信钉得紧，玉珊把书信合合正，

大哥大哥叫几声，吏部天官二只眼睛精又精，

上写昆山顾鼎臣，下面写着顾老二大大麻子二字正。

只为小林村上林子文，说他江洋大盗是绿林，

杀了王家老家人，抢走王家雪花银，

你父如今已查清，事件原属假案情，

若是杀了林子文，你们要头和肩胛一样平，

顾玉珊看了急煞人，二个兄弟也是眼睛白楞楞，

玉珊说话勿要紧，把昆山县犯人名册查查清。

（白）顾玉珊拿来名册一看，林子文的批复早已送回昆山县衙门，明天就是初四，初五就要斩首。

（唱）一夜勿睏三更已经到，五更就要调白大天明，

五更调白大天明，即刻上朝奏圣明，

轿夫麻绳扎扎紧，大轿抬到五朝门，

说起正东皇帝坐龙庭，两旁文武官员麻凛凛，

顾家兄弟齐来到，朝廷上面讨救兵。

（白）皇帝一看顾家兄弟低着头，官帽戴落三分，面上哭烛乌拉⑭，只觉哈哈大笑，万岁就问顾玉祥，是家中有事还是朝中有事，玉祥回答说：

（唱）父亲有书到京城，呈请万岁看书信，

正东皇帝坐龙庭，二只眼睛扒开二三寸，

文武百官不出声，只用一只眼睛看朝廷，

万岁匆匆看完信，坐在龙位也激拎拎⑮，

林子文杀掉还勿要紧，我没有这三个兄弟是大事情，

万岁立即下圣旨，招寻英雄送书玉龙镇，

五朝门外贴皇榜，几百张皇榜贴端正，

要是初五信送到，有官加官，无官是白地起封臣，

若是官带都勿做，赏给一斗金又一斗银。

等到午后三点正，穆皇兄路过五朝门，

只见门前闹盈盈，就摇摇摆摆进皇城。

（白）穆皇兄是一头银发，手拿龙头拐杖，来到金銮殿上领旨意。

（唱）穆皇兄来到金銮殿上，顾家兄弟急煞人，

皇兄头发白来路难行，年老如何送书信，

皇城去到昆山县，三千六百里路程，

皇兄说：别看我年老，这点事情还能行，

脚加毫毛有三根，一天之内就能赶到昆山城，

三个兄弟送到五朝门，路途上面是快得很。

（五）

（唱）穆皇兄一天赶到昆山县，正好城隍大庙有戏文，

就在摊头坐坐定，看戏喝酒喝得醉醺醺。

初五午时快来临，林子文绑出监牢门，

二个师爷对面坐，矛盾还是吵勿清，

顾王爷正在等着小家军，令旗令箭已拿稳，

王爷要保贤婿林子文，金顶黄阳伞下等。

穆皇兄醒来正好午时三刻正，急忙拨开众人们，

来到北轿丹阳门，碰上王爷顾鼎臣，

革掉昆山县令杨廷正，宣读圣旨救出林子文，

湖州师爷割头颈，绍兴师爷这顶毡帽也压得紧。

皇兄王爷回到银銮殿，陆素贞含泪迎接林子文，

王爷从游春认素贞，讲到搭救夫妻二年青。

穆皇兄并无男来并无女，就认林子文当亲生，

素贞拜见老公公，子文的岳父是大恩人，

银銮殿上笑盈盈，穆皇兄介毛⑯心才定。

回头再讲王七虎，一匹白马到京城，

日夜兼程赶路行，十里亭上转个身，

他同父亲兵部大堂王尚达，立即商量这事情。

自说不是云腔白舌登私途，林子文杀死我家老家人，

顾鼎臣私保林子文，我父为官要当心。

兵部大堂妙计多得很，说是顾家招兵买马反朝廷，

说是山林湖野有支顾家军，请了万岁爷五朝门外来看清。

正东万岁不是人，火冒三丈钉定是顾家军，

抲来顾鼎臣和三个儿子们，绑到五朝门外柱子上，

穆皇兄上前去保救，要叫林子文出兵破山林。

皇兄原是万岁的恩人，当时火气度得很，

万岁勿答应，拿出打皇金鞭甩三下，

万岁同意付予十万人，林子文做了都督又归正。

林家兵马真算灵，平定叛军回京城，

原是王家招兵反朝廷，兵部自己想坐龙庭，

王七虎五朝门外去斩首，兵部大堂授予林子文，

保下顾家父子们，三个儿子归回原职在朝廷，

陆素贞到穆家去，顾王爷回转玉龙镇，

穆皇兄脸上笑盈盈，王尚达满门抄斩都杀尽。

"双玉镯"一书已唱完，大家听了请评论。

　　这篇材料是根据原五杭乡农民胡福荣说唱录音和几个故事员的有关故事整理。对其中出现的不少复句复段，明显多余的删去了，但基本保持原貌。有些词句虽不大符合逻辑，未作改动，以待以后研究民间语言时作参考。

　　①小林村：境内临平西北方向有小林村。但唱词说在昆山，保留原词。

　　②正东可能是正德之误，故事与史实不甚相符，但符合民间文学变异性特点。

　　③调白：土话，即清晨天色刚有点泛白。

　　④度麦：度，土话大的意思，度麦即大麦。

　　⑤格仑仑：为雷声。

　　⑥镬饲：土话，即锅巴。

　　⑦齐整：土话，意为漂亮。林度阿嫂，土话，林大嫂的意思。

　　⑧道地心：土话，以前农家屋前都有一块用来晾晒的地方，俗称"道地"，这里是指道地的中间。

　　⑨麻凛凛：土话，意为很多。

　　⑩木星星：土话，意为呆笨的样子。

　　⑪实介：土话，即如此。

　　⑫身跟：土话，即身边。

　　⑬正当心：土话，正中间的意思。

　　⑭哭烛乌拉：土话，哭不像哭，笑不像笑的样子。

　　⑮激拎拎：土话，着急的样子。

　　⑯介毛：土话，这时候。

生活歌

十姐妹

喜鹊尾巴扁噗噗，别人话我姐妹多，

五个姐妹勿叫少，十个姐妹也勿多。

大姐给起①木排上，撑开木排造楼房。

二姐给起竹排上，撑开竹排晾衣裳。

三姐给起渔船上，三只蟛蜞②泡得一碗好鲜汤。

四姐给起渡船上，摇来摇去看四方。

五姐给起田庄郎，看蚕淘米烧砻糠。

六姐给起漆匠郎，红红绿绿漆得一套好嫁妆。

七姐给起豆腐坊，豆腐干水汰得一件好衣裳。

八姐给起染匠郎，红红绿绿染得一件好衣裳。

九姐给起肉店上，猪油拌饭软当当。

十姐给起讨饭郎，清早夜快③赶门坊。

①给起：土话，读音 beqi，即嫁在、嫁给的意思。

②蟛蜞：一种小蟹名，生长于水边。

③夜快：土话，即傍晚时。

此歌抒发劳动妇女的生活出路，以数字起兴，是民歌普遍的创作手法。

讲唱者：徐芳仙，女，原博陆乡新圩村农民。

十房娘子

第一房娘子是初亲，这个媳妇像观音，

同桌吃饭眯眯笑，十支甘蔗九支生①。

第二房娘子懒梳妆，蓬头散发坐起床沿郎②，

叫你呐呐着衣裳③，叫你乖乖端面汤④。

第三房娘子自多情，清灯矇灯亮堂堂，

日日要望客人到，客人未到煎茶汤。

第四房娘子矮婆苏⑤，三尺罗裙着地拖，

上床要格夫来抱，落床要格蒲墩助。

第五房娘子给起⑥富家郎，青纱帐子象牙床，

哭哭笑笑不肯走，一对花烛进洞房。

第六房娘子给起种田郎，麻布帐子四尺长，

稻草筋来当条被，一对板凳共眠床。

第七房娘子有潦荡⑦，办起七十二桌庆生酒，

烧饭要用升来量，烧粥要用斗来丈。

第八房娘子呒潦荡，青菜加萝卜，

十八个冬瓜尽泡汤，勿用师姑做道场。

第九房娘子会当家，丝棉冬衣给丈夫，

绫罗缎匹给公婆，一身被褥自家做。

第十房娘子邋遢精，蓬头污面众人避，

婆婆拿出新衣衫，换换打打又一身。

①意即初次见面，陌生。

②坐起床沿郎：土话，坐在床沿上。

③着衣裳：土话，意为穿衣裳。

④面汤：洗脸水。

⑤婆苏：俗语，虚词。

⑥给起，土话，读 beqi，嫁给的意思。

⑦潦荡：土语，意为花钱大手大脚，败家子的样子。

讲唱者：徐芳仙，女，原博陆乡新圩村农民。

十二只鸟

正月春鸟叫得早，奴奴前世不修好，

世上郎君多多少，爹娘为何把我许配铜丝佬。

二月小鸟窝里叫，骂得媒人活倒灶，

百亩田产都勿要，只要雪白郎君品貌好。

三月鹞鹰扑天飞，隔壁三哥来调戏，

嫖得奴奴无主意，关窗关门房中去。

四月燕子满堂飞，铜丝佬哥哥成亲五六年，

婆婆话①吾呒生养，铜丝佬哥哥命里不该当。

五月画眉成双对，成双对来成双去，

奴奴单枪独马一个人，婆婆把我骂起兴。

六月喜鹊对面叫，婆婆话吾勿起早，

淘米拎水都要吾，铜丝佬哥哥日日起早打老婆。

七月白头闹早上，奴奴好比李三娘，

日里挑水三百担，夜里盘磨到天亮。

八月鹁鸪窝里叫，奴奴削发做尼姑，

豆腐小菜吃勿过，敲碎木鱼嫁丈夫。

九月麻吊②自动身，砒霜毒药带在身，

药杀铜丝佬哥哥勿要紧，单怕闲人话吾起黑心。

十月里来是黄青，奴奴出外访郎君，

好好郎君访一个，央求媒人结成亲。

十一月丫雀肚皮白，奴奴好比梁山伯，

梁山伯想起祝英台，三世修来勿成亲。

十二月白头颈老鸦来得早，铜丝佬哥哥这日死掉了，

冒白鞋子黑纱上，撩起厅堂哭三声。

①话：作动词，说的意思。

②麻吊：土话，麻雀。

讲唱者：徐水玉，原亭趾乡文化中心工作人员。

童养媳

阿哥阿弟听我诉，无父无母真叫苦，

家中无叔又无祖，从小做了养媳妇。

小官人，勿肯大，年纪到了十四五，

门槛还是难跨过，生活一样勿会做。

阿公是个酗酒徒，一天到晚糊涂涂。

阿婆是只雌老虎，面孔一日到夜结朦朦①。

一日逼我要织三丈六尺长头布，摇纱摇到半夜多，

淘米洗菜也是吾，还嫌我生活不会做。

肚皮实在饿勿过，开开橱门喝点冷菜卤，

阿婆话我吃了猪油烧萝卜，拍搭拍搭三千部②，

背上打起似淘箩，臂膀打得血血红，

思想为啥介③命苦，还是开出后门去投河。

一脚跨到河滩埠，刚巧碰见隔壁三叔婆，

看吾神气不对路，连忙一把紧紧拖牢吾，

她劝吾，阿妹阿妹休投河，

十年媳妇十年苦，再过十年自己也要做阿婆。

①结朦朦：土话，面孔绑得紧紧的，全句的意思是整天没有好脸色。

②三千部：土话，形容打了很多下。千部是一种木制的舀水器具。

③介：土话，这样的意思。

讲唱者：凌子云，原博陆乡南石村村农民。

童养媳唱翻身

正月梅花带雪开，想起前情真伤悲，
七岁做了童养媳，从此父母都离开。
二月杏花开园中，公婆待我多少凶，
做牛做马吃不饱，挨打挨骂过春冬。
三月桃花开得红，牵牛牵到山野中，
牛儿一时无影踪，丈夫打得我浑身痛。
四月蔷薇开得艳，姑娘做事也厉害，
公婆面前弄是非，说我做贼将我害。
五月牡丹多鲜艳，肚子饿得咕咕叫，
偷吃冷饭有一碗，婆婆要我饿两天。
六月荷花开池中，病倒床上真苦痛，
口干无人问茶水，还要说我没有用。
七月水仙盆中开，心想逃到娘家来，
路上一把被捉住，绳索把我吊起来。
八月桂花似黄金，公婆逼我来成亲，
可怜我只有十三岁，从此身体落下病。
九月菊花傲秋霜，丈夫嫌我不漂亮，
说我侍奉不周到，天天和我架来打。
十月芙蓉赛牡丹，心想离婚求解脱，
保长说道不可以，嫁鸡随鸡理应当。
十一月里融大雪，来了救星共产党，

提倡婚姻要自由，领导妇女求解放。
十二月里腊梅开，从此跳出火坑来，
我今依法离了婚，另找对象鸳鸯配。
十二个月唱停当，姐姐妹妹听我讲，
大家拥护婚姻法，人民政府把腰撑。

讲唱者：韩美仙，运河街道唐公村村民。

荒年山歌

正月梅花北柳春，道光皇帝坐龙庭，

龙庭坐了三十年，廿九年郎做荒年①。

二月杏花芯里黄，手拿铜钿去买糠，

起早出门夜回来，只见篾篮不见糠。

三月桃花红喷喷，一家老小上山去翻郎基根②，

东山翻到西山去，只见黄泥不见根。

四月蔷薇叶梗青，日里落雨夜里晴，

潭煞③蚕豆小麦不留情，菜籽落光呒收成。

五月石榴似红灯，黄梅发水吓煞人，

高田放到低田去，里通外河一样平。

六月荷花白漂漂，卖儿卖囡去买苗，

上塘北塘都买到，十亩只买三亩苗。

七月鸡冠紫分分，拿了七钱三分银子想买米，

大户人家有饭吃，小户人家闹饥荒。

八月桂花阵阵香，南瓜芋艿当口粮，

塘南南瓜都旱光，塘北芋艿大水都潭光。

九月菊花是重阳，重阳过去稻花香，

一朝雾露一朝霜，三朝浓霜打落光。

十月芙蓉赛牡丹，等到割稻呒稻掼，

十亩田里掼一担，去交田租还勿够。

十一月里雪花飘，收拾衣衫上当铺，

还要欠落三担半，除了官粮吮回剩。

十二月里腊梅开，去借钱粮高利贷，

做个荒年等熟年，连本带利送过来。

①道光在位三十年，二十九年（1849）此地大荒。

②郎基根：当地一种含淀粉的野生植物根基。

③潭煞：土话，淹死的意思。

讲唱者：朱宽永，原亭趾乡机械厂职工。

老长工

雨水过去正月中，正月里，呒柴呒米真叫穷，

一升三合无处借，打打包裹去当长工。

正月过去二月中，二月里，田埂上青草闹轰轰，

新鲜蔬菜自家吃，隔日过夜的剩菜请长工。

二月过去三月中，三月里，庙会游乡闹轰轰，

大大小小都叫到，单单拎出我老长工。

三月过去四月中，四月里，养蚕做丝闹重重，

剪了燥叶勿提起，剪了湿叶骂长工。

四月过去五月中，五月里，黄霉发水闹轰轰，

田塍埂滩都拔到，延出一棵稗草骂长工。

五月过去六月中，六月里，车水打水闹重重，

大车装在低田里，高田无水骂长工。

六月过去七月中，七月里，锄田拔草闹重重，

上爿拔到下爿去，剩落一枝稗草骂长工。

七月过去八月中，八月里，搓绳搓索闹重重，

两手搓得掌发红，骂我长工搓勿动。

八月过去九月中，九月里，割稻掼稻闹重重，

一天掼稻三担半，骂我长工力勿用。

九月过去十月中，十月里，牵砻筛米闹重重，

牵砻牵得骨头痛，骂我长工老龙钟。

十月过去十一月中，敲冰汰菜闹重重，

两手汰得红冻冻，还怨长工汰得勿清通。

十一月过去十二月中，打打包裹要落工，

"前门水缸挑挑满"，"后门茅坑淘淘空"，

"长工今朝去了几时回?" "永生永世勿进侬个庙门洞。"

讲唱者：朱宽永，原亭趾乡机械厂职工；宋彩堂，原博陆乡新圩村农民。

三十六码头

正月梅花报立春，做官要做北京城，

当里朝奉①徽州出，浙江出得大财神。

二月杏花密稠稠，粗细棉绸出杭州，

细细云锦南京出，绫罗绸缎出苏州。

三月桃红红似火，笕桥出得好铜炉，

斜纹小布松江产，咸鱼腊鲞出乍浦。

四月蔷薇叶梗青，山东出得好面筋，

金华火腿兰溪出，三毛老酒出绍兴。

五月石榴开花是端阳，白草凉帽出丹阳，

结头蒲鞋江北出，板桥草鞋出泗安。

六月荷花结莲心，碤石灯笼手段高，

紫铜烟管宁波出，杭州大井巷出得好剪刀。

七月鸡冠紫菲菲，紫皮甘蔗出临平，

大红桔子黄岩出，鲜红杨梅出诸暨。

八月桂花阵阵香，扬州出了美娇娘，

点点小脚村村有，邋遢婆娘出凤阳。

九月菊花遍地黄，宜兴出得好花缸，

细砂碗盏江西出，瓶窑出得好乌甏。

十月芙蓉赛牡丹，细沙白糖出台湾，

奇货皮毛山西产，当归人参出辽东。

十一月里雪花飞，玻璃镜子出西塘，

河南出得好枣子，河北出得鲜雅梨。

十二月腊梅都开齐，新市出得好灯芯，

长寿眼镜湖州出，细沙包子出双林。

①朝奉：典当的店员。

讲唱者：李杏娣，女，原亭趾乡滩里村农民。

劝导歌

叹十声

为人可比一张弓，朝朝暮暮充英雄，
有朝一日弓弦满，扳起弓来两头空。
说来空来就唱空，天是空来地也空，
天地盘古到如今，人亡一世上寿宫。
日也空来月也空，来来往往影无踪，
夫也空来妻也空，大难到来各西东。
花也空来树也空，人人爱它有何用，
风吹雨打无人顾，大树也要生蛆虫。
金也空来银也空，为它一世受牢笼，
千金万贯拿不动，死后何能拿手中。
为人在世一场梦，悲欢离合难长逢。
世事无端何作计，但等佳节饮千盅。
光阴易过急如水，百岁之人有几公，
谁能有诗并有酒，人生快活乐融融。
众人原来是厚生，欺心二字切莫存，
暗里藏刀天勿容，行凶天叫一世穷。
水心云影两相照，林下泉水自然静，
清风明月无人管，五洲烟景谁去争？
讲唱者：宋彩堂，原博陆乡新圩村农民。

十月怀胎

怀胎山歌初开声，善男信女都听清，
但愿尊敬爹和娘，增福增寿人太平。

娘亲怀胎一月初，未知腹内是何身，
犹如自己得疾病，半忧半喜身变形，
日夜不眠多思想，娇娘惟恐见阎君。

娘亲怀胎二月临，四肢无力腿懒行，
满头乌云无心理，衣裤渐紧系住身，
日日只想床上睡，但恐公婆怒发嗔，
担心腹中男或女，娇娘受苦怎告人。

娘亲怀胎三月来，终日无心对镜台，
粉不搽来花不插，针线箱子谁去开，
三餐茶饭苦无味，生活终日做勿来，
两脚行走酸如钻，香茶热饭手懒抬。

娘亲怀胎四月深，未知男女腹中存，
夜间不觉心头闷，说话高声脑也疼，
多少妇人归地府，思前想后更伤心，
愈思愈想愈苦恼，两行泪珠落腮帮。

娘亲怀胎五月余，儿在腹内更跷蹊，
左左右右微微动，凄惶烦闷只皱眉，
双双袜子穿不得，腿虚脚重步难移，
行走坐卧不方便，苦在心头谁能知。

娘亲怀胎六月中，夏令时节怕蚊虫，

紧穿长裤多气闷，腰酸脚软似浮空，

喝点茶汤吐清水，热时不敢扇凉风，

要是孩儿不孝顺，妇女做产如做梦。

娘亲怀胎七月来，悠悠晃晃像登仙，

好像破船行过海，两条性命在船内，

好像破船遭风浪，只等风过浪头转，

但愿生养能顺利，怀抱娇儿心里甜。

娘亲怀胎八月内，孩儿长在娘心田，

除下金花除钗环，懒涂珠粉懒开脸，

面皮黄瘦似骷髅，绫罗衣衫放一边，

生男育女慈母心，娇娘生命不留连。

娘亲怀胎九月间，空中雁群尽南归，

梧桐落叶秋风劲，母子双身步履艰，

起坐犹如刀割肉，跨重门槛过重山，

只等十月儿出世，一朝分娩过了关。

娘亲怀胎十月圆，分娩时节苦难言，

儿在腹中翻身滚，好似刀割取心肝，

全身冷汗湿衣衫，娇娘生命近棺材，

呱呱落地娘欢喜，岂知娘亲的艰难。

一年哺乳儿肥胖，慈母焦瘦损容颜，

甘露吐与小人口，干燥床席将儿眠，

一周二岁娘抚育，三周四岁玲珑爱，

只望孩儿快成长，十月怀胎抛九天。

讲唱者：宋彩堂，原博陆乡新圩村农民。

十二把头子

第一把头子①四角尖，团团坐起像八仙。

赢得铜钿好比苏州城里金商客，输了铜钿好比打仗的落魄神。

第二把头子着得高，野菜开花路神挑，

金盆里养鱼无出路，冷锅子里煎油正在熬。

第三把头子着一杯，千亩田地难回来，

上爿下爿都卖光，省得我六月耘田当狗爬稠②。

第四把头子着一双，家资败来不顺当。

不论九点都当头，四邻八舍当贼防。

第五把头子想钱路，赌场吃酒朋友多，

赢得铜钿给你买酒吃，输了铜钿逼你卖老婆。

第六把头子啪啪哒，眼看灶前无米又无柴，

合家大小都到娘家去，败鬼败子躲在屋里算清账。

第七把头子七稀奇，败鬼败子赌到半夜寻老婆去，

隔壁三大伯啦两只雄鸡高声啼，我家房里只有叽哩磋吊③一雌鸡。

第八把头子着把花，早早夜夜手中拿，

日里茶饭赌场吃，夜里子弟乱头花。

第九把头子九块同，十人爱赌九人穷，

隔离三大伯啦是有钱过一冬，赌钱败了三片麻布过一冬。

第十把头子白洋洋，赌钱败子输了铜钿心里慌，

赢了铜钿拿回去，输了铜钿不抵账。

第十一把头子一更清，眼看花梁一根绳，

一心想到绳上去，还想十二把头子分输赢。

第十二把头子唱完成，万贯家财都散尽。

①头子：即骰子，赌博用具。

②耥：一种耘田的工具。

③叽哩磋吊：土话，形容瘦小。

讲唱者：黄松法，原五杭乡黄家桥村农民。

二十四孝

朋友们啊大家好，　听我唱支敬孝歌，
文明中国五千年，　敬孝故事说不尽。
春秋有个季路儿，　百里背米养双亲，
汉代有个刘桓帝，　亲尝汤药喂母亲。
东汉有个丁兰女，　刻木供母似娘亲，
汉代有个董孝子，　卖身葬父人人敬。
东汉还有个黄香，　扇枕温床陪父亲。
晋朝有个杨香汉，　扼虎救父不怕死，
南齐有个庚黔娄，　尝粪忧心医父亲。
宋代有个朱寿昌，　弃官寻母传四方，
我国古代文明史，　敬孝儿女人人知，
二十四孝代代传，　千古流传到如今。
做人应该孝为先，　知恩图报最要紧，
中华美德要记牢，　不忘自己华夏人。
现代孝子更加多，　敬孝儿女数不清，
孝道礼节在改变，　文明社会更进步。
人民政府真开明，　五好家庭年年评，
树榜样呀立标兵，　孝道为先人人敬。
好男好女学先进，　争做现代文明人，
邻里团结是非少，　家庭和睦万事兴。

孝道事迹要宣传，人人争当敬孝人，
敬老爱幼风气好，和谐社会有保证。

讲唱者：唐祖根，运河街道唐公村村民。

风俗歌

上梁歌

　　旧时，境内农家建房上梁，必请风水先生选个好日脚。媳妇娘家人在上梁前几天挑来上梁的东西，有点上红圆点的馒头、红布、被面、炮仗、酒、烟、水果等。上梁日要拜菩萨，放两张八仙桌、一对红蜡烛、一个香炉三支清香、一盘馒头、一盘元宝、一盘云片糕、一盘鱼（两条）、一盘鸡、一盘猪头、一盘老酒（24 只小杯）、一盘水果、一盘素千张。时辰到，当家人点上红烛和三支清香，开始朝拜，祈求各路神仙保佑全家平安、健康、财源滚滚。然后木匠师傅开始上梁，先大声念道：

　　上梁正遇紫微星，立柱高照黄道日，

　　三阳日照兴隆地，五福星临吉庆事。

　　然后，木匠师傅一边上梯子，一边口中念念有词：

　　脚踏云梯步步高，先步还是后步高，

　　手托金盘摘仙桃，仙桃勿是凡人摘，

　　王母娘娘授蟠桃。

　　接着，一边将元宝、馒头抛给当家人，一边口中继续念道：

　　一床被四角翘，东家阿爹接元宝。

　　再把馒头抛向东、南、西、北围观的人群，边抛边念十对元宝：

　　第一对元宝一次高升，第二对元宝成双富贵，

　　第三对元宝三儿中元，第四对元宝四季发财，

第五对元宝五子夺魁，第六对元宝六六进财，

第七对元宝七子团圆，第八对元宝八仙赠酒，

第九对元宝九龙献宝，第十对元宝十指囤财粮旺。

当到梁顶时再念道：

一对龙凤扯得牢，金盘落地四方平安，

鲁班徒弟上高梁，腰带金鞭三尺长，

一步一步往上走，到了房顶紫金冠，

手提金鞭敲三记，敲了三记紫金冠，荣华富贵万万年。

最后，师傅将梁的中间用红布包好，将四枚顺治铜钿钉在梁上，并鸣放鞭炮。上梁仪式结束，上梁酒开席。

结　婚

旧时，结婚时司仪的主持吉言：

一拜天地，财源滚滚（广进），
二拜高堂，孝敬公婆，
夫妻对拜，早生贵子。
送入洞房，
今日洞房花烛夜，来年生个状元郎。

结婚后第二天，领新娘子扫地时念的讨彩吉言：

一扫金，二扫银，三扫蚕花廿四分。
四扫铜钿银子畚箕畚，子孙兴旺万年青。

叫花子遇见结婚人家乞讨时唱的赞言：

一只花船摇进港，好！二面蕴草绿上上，好！
新娘子房里嫁妆福，好！新娘子烧个肉来两面红，好！
煎个鱼来四面方，好！诸亲六眷吃得福寿长，好！

哭七七

旧时，境内丧葬习俗均为棺木土葬。死者三朝入葬，亲人披麻戴孝，焚烧纸钱。送葬后还要守丧、做七、供饭，直至七七四十九天断七，葬礼才告结束。此为流传于境内妻子为死去的丈夫在"做七"时边哭边唱的歌谣。

头七到来哭哀哀，手拿红被盖上来，

风吹红被四角动，好比吾郎活呀活转来。

二七到来是思良，是思良好哭一场，

三岁孩子呒不亲爹叫，千斤扁担还有啥人挑噢。

三七到来挑（拣）梳妆，梳妆台上好风光，

梳妆台上挂起青铜镜，急煞奴来哦呀哦找郎。

四七到来做道场，朋友四亲都到场，

廿四个和尚正堂上坐嗬，小奴打扮呀去上香。

五七到来望乡台，望到家乡哭哀哀，

大男小女么哀哀哭，一心思想活呀活转来。

六七到来是关房，关牢郎君见阎王，

牛头马面守门拿把钢叉两边分，其中坐起（在）吾呀吾君郎。

七七到来穿白绫，白绫衣衫白绫裙，

有心对你三年好，无心对你要呀要嫁人。

脱落白裙换红裙，那有啥人做媒人，

做了媒人自有美酒吃，吃了美酒错呀错三分。

一路哭来一路望，告代（交待）公公列位度（大）人两三声，

难为你勿怨媳妇心肠硬，你呀你儿子呒不好福气。

一路哭来一路行，告代（交待）姑娘两三声，

一双花鞋交呀交给你，一路哭来一路行，

告代（交待）大妈婶娘两三声，买把抢刀（锅铲）交呀交给你，

一路哭来一路行，告代（交待）三岁孩儿两三声，

跟娘还是跟娘娘（祖母），小干娘晚娘还有啥心肠。

一路哭来一路行，告代（交待）邻舍大娘两三声，

阿度（大）阿二相骂相帮拖拖开，好比南海去烧香。

扫地佬

　　扫地佬是运河一带对民间半职业性说唱活动人员的概称。他们以除岁掸尘、说吉利话的形式，挨家挨户地表演，求主人赏钱、赏物谋生。有的在表演一段说唱后，还为大户人家的中堂梁头上贴一张印有"大吉"的红纸，以示庆贺。如果主人家不理睬，则会一直唱下去，直到主人赏钱、赏物为止。

　　（如见主人在吃茶，即唱：）

　　吃这杯茶唱这杯茶，茶里吃出茉莉花，

　　叩谢东家娘娘真客气，祝你冬穿绸来夏穿纱。

　　（如见主人在舂米，而不理睬时则唱：）

　　一张竹床四八开，一只石臼摆中间，

　　两只猢狲在两边，一个僵尸没闭眼。

　　（如见主人在吃饭，即唱：）

　　肚里饿来心里潮，四川寻来湖广淘，

　　钱塘江里挑水吃，洞庭山上攀柴烧。

　　（一般情况则唱：）

　　一扫扫过东，东边有条好青龙，

　　青龙伴米缸，白龙缠酒缸，

　　缸缸满，甏甏满，一年四季吃勿光，

东家娘娘好勿好，勿算好，还要扫，

度拉得，再一条扫。

一扫扫上南，东家娘娘要看蚕，

看见头蚕好，二蚕宝，三船蚕子白洋洋，四船茧子石板硬。

东边三十只度（大）水车，西边七十二部小水车，

东家娘娘好勿好，勿算好，还要扫，

度拉得，再一条扫。

一扫扫过西，西边一对好公鸡，

金鸡会得啼，凤凰会得飞，勿吃谷，勿吃米，

东家娘娘好勿好，勿算好，还要扫，

度拉得，再一条扫。

一扫扫落北，东家娘娘要造屋，

前头造起前三厅，后头造起后三厅，

读书小倌要造状元厅，东家小姐要造绣花厅，

东家娘娘要造的笃的笃的念佛厅，东家阿爹要造麻将厅，

东家娘娘好勿好，勿算好，还要扫，

度拉得，再一条扫。

一扫扫到猪棚头，养起猪来像黄牛，

两只耳朵抓抓像蒲扇，一个猪头像笆斗，

东家娘娘好勿好，勿算好，还要扫，

度拉得，再一条扫。

一扫扫到灶间头，高脚凉橱（菜橱）三档头，

六格饭、澎塔澎，开头饭锅馒头香，

端出下饭（菜肴）廿四样，火腿腊肉挂高粱，

女婿吃、哥哥吃，都是女儿肚里肉，

东家娘娘好勿好，勿算好，还要扫，

度拉得，再一条扫。

一扫扫到房里头，青纱帐配白铜钩，

苏州席子滑溜溜，两个丫环立门口，

睏倒想起这点老花头，滑啦滑啦三寸头，

生出雪白滚壮男儿头，必定状元把官做，

东家娘娘好勿好，勿算好，还要扫，

度拉得，再一条扫。

叫花子沿街乞讨歌

穷在闹市无人问，富在深山有远亲。

求乞之人多苦楚，穿街过巷走乡村。

日间走的无头路，夜宿孤庙和凉亭。

夏天蚊子来作对，蛇虫百脚要当心。

腊月寒天瑟瑟抖，破衣里面虱蚤叮。

有道田怕秋来旱，为人只怕老来贫。

行走来到十字街，大街之上闹盈盈。

口口声声叫善人，救济穷人跳龙门。

谢谢来往众好人，布施穷人顶要紧。

一钿勿落虚空地，明中去了暗中来。

讨罢一番抽身起，望天拜谢过路神。

祷告天地来保佑，下世投胎有福人。

儿　歌

抱外婆

山歌山歌古里古，蚌壳里摇船过太湖，

太湖底下一枝橹，麻吊①驮去搭个窝，

搭个窝来和②山度③，生个蛋来笆斗度，

拾个蛋来看外婆，外婆有嘞④坐车⑤里，

哄妹哄妹哭，双手拍拍抱外婆。

①麻吊：土话，即麻雀。

②和：土话，如、像的意思。

③度：土话，大的意思。

④有嘞：土话，有在的意思。

⑤坐车：旧时一种供幼儿坐的竹制车。

三角包子送外甥

三角包子送外甥，舅姆面孔急绑绑，
娘舅勒起臂膀掼家生①，外公翘起胡子勿管账，
外婆躲在门角落里哭一场。

①家生：土话，即器具。

摇啊摇 (一)

摇啊摇，摇到卖鱼桥，买条鱼来烧，

头勿熟，尾巴焦，盛在碗里吱吱叫，

吃在肚里跳三跳，跳呀跳，还是跳到卖鱼桥。

摇啊摇（二）

摇啊摇，摇到外婆桥，

外婆叫吾吃年糕。糖蘸蘸，多吃点；

盐蘸蘸，少吃点；酱油蘸蘸，勿要吃。

大块头

大块头，吃饭加鱼头。

走路翻斛头，一翻翻到茅坑角落头。

拾牢一个芋艿头，剥剥一夜头，吃吃一口头。

一二三四五

一二三四五，上山打老虎，
老虎打不到，打到小松鼠，
松鼠有几只，一二三四五。

拍手歌

一撸麦，两撸麦，三撸下（读 wò）荞麦，四撸打辟拍。

辟辟拍，辟辟拍，

辟拍辟拍辟辟拍，辟辟拍拍辟辟拍。

（两个儿童对坐，一个儿童手掌并拢，另一个儿童用双手去撸对方并拢的手掌，交换撸两次后，先拍手，后相互击掌，可右手掌击右手掌，也可右手掌击左手掌。可多次重复。）

踢毽子

一只毽子滴拨滴，二五六，二五七，

二八二九三十一；

三五六，三五七，三八三九四十一；

九五六，九五七，九八九七一百一。

打手心

本来要打万万记，现在辰光来勿及，
马马虎虎打三记，一、二、三。

侬姓啥

侬姓啥，吾姓黄，啥个黄，草头黄，

啥个草，青草，啥个青，碧绿青，

啥个碧，毛笔，啥个毛，三毛，

啥个三，高山，啥个高，年糕。

点点罗罗

点点罗罗，油炒马儿，
马儿吃草，牛儿耕稻，
点到哪个是哪个。

找朋友

找呀找呀找呀找，找到一个朋友，

敬个礼呀，握握手呀，

笑嘻嘻呀，我们都是好朋友。

洋枪打老虎

小孩抲公鸡，公鸡啄蜜蜂，
蜜蜂叮癫痢，癫痢背洋枪，
洋枪打老虎，老虎吃小孩。

买饼干

阿姨叫吾买饼干，买了三块烂饼干，
阿姨打，阿姨骂，阿姨告诉老师，
老师告诉校长，校长告诉姆妈，
姆妈告诉阿爸。

一只鸡

一只鸡，二会飞，三个铜板买来滴，四川带来的，
五颜六色滴，骆驼背来滴，七高八低滴，酒里浸过滴，
实在没有滴，骗骗伢儿滴。

啊哟喂

啊哟喂，作啥啦？蚊子咬吾啦。

快快爬上来。爬不上，哪格办？

飞机飞上来。飞机嗯不来，吊车吊上来。

哭作猫（一）

哭作猫①，两只黄狗来抬轿，

抬得高，吃块糕，抬得低，吃泡西②。

①哭作猫：比喻会哭的小孩。

②西：土话，尿的意思。

哭作猫（二）

一歇哭，一歇笑，
两只眼睛开大炮。

老面皮

冬瓜皮，西瓜皮，
小姑娘赤膊老面皮。

倩煞煞

倩煞煞，拜菩萨，
菩萨叫侬阿答答①。

①阿答答：土话，脑子有点不灵清的意思。

扇子扇凉风

扇子扇凉风，日日在手中，
若要问我借，要过八月中。

江北佬背稻草

江北佬，背稻草，一背背到万寿桥，

万寿桥上掼一跤，捡了一个金元宝，

金元宝，哪介办？交给外婆卖钞票。

娘舅娘舅

娘舅娘舅，趟趟空手，

吃酒像漏斗，吃饭像饿狗，

吃了还弗够，还要问我姆妈借当头。

宝　　卷

　　宝卷是一种集教化、信仰和娱乐为一体的特殊的民间文学样式，是民间讲唱艺术宣卷的脚本。宝卷由寺院中的"俗讲"演变而来，是唐代敦煌"变文"的后裔，在宋元时期佛教信徒举行的法会道场中形成。"宝卷"之名始于明代，明、清之时非常盛行。

　　境内地处杭嘉湖蚕乡，寺观庙庵众多，宝卷随着佛事活动传入民间，宝卷讲唱成为经常性的佛事和民间文艺活动。境内宝卷主要流传于临平、运河、星桥、翁梅、乔司一带，主要宝卷书目有《花名宝卷》《孟姜女宝卷》《蚕花娘娘宝卷》《怀胎宝卷》等30余种。除手抄本外，还有不少刊本、刻印本。内容上，分宗教和非宗教两大类，有佛经故事、劝世文、神道故事和民间故事，内容劝人为善，提倡正直善良、勤劳俭朴，反对奸盗邪恶等；形式上，以七言和十言韵文为主，有一定的平仄韵律，间以散说，在开头、过渡、结尾处有一些固定的格式；讲唱方式上，在吟诵式的基础上，逐渐发展了以鼓词、山歌、夹板书、道情、花鼓戏等相关的民间曲调来表达，灵活多样，明快活泼；语言上，加入了地方俗语，生动形象，通俗浅易。

　　2009年，境内"宝卷"项目被列入第三批浙江省非物质文化遗产代表性项目名录，境内第一代传承人为胡有昌。从2006年起，唐公村韩美仙拜胡有昌为师，学唱宝卷。经过10多年努力，深得老一辈真传，而且有所创新，余杭电视台、余杭晨报等新闻媒体多次采访。2017年，韩美仙被评定为余杭区宝卷传承人。

　　本书主要选录在境内流传的《花名宝卷》《孟姜女宝卷》《蚕花娘娘宝

卷》等宝卷抄本。《花名宝卷》是劝世文，劝导人们要正确处理婆媳、母子、夫妻、兄弟、姑嫂、邻里等关系，要行善积德，勤劳俭朴，言明意显。《孟姜女宝卷》在内容上由民间流传的孟姜女的故事改编而成，情节曲折，引人入胜，在形式上更加开放灵活，运用了多种表现手法，客观上起到了传播孟姜女故事的作用。《蚕花娘娘宝卷》在境内流传甚广，除宝卷外，山歌、板书、皮影戏等均有类似版本，名称有叫《蚕花宝卷》的，也有叫《蚕花本子》的。其故事离奇生动，不仅讲述了蚕花娘娘的传说，更有农家养蚕风俗的描写，有推动普及农业生产知识的作用，因此皇帝也十分重视，御笔追封马鸣王，赐结良缘，境内庙堂中设有三姑双手捧茧山骑在马上的神像。

旧时，农村文化生活十分匮乏，因此讲唱宝卷深受群众欢迎。讲唱者必须虔心投入，务要屏气敛声，入耳动情，切不可喧哗嬉笑，作闲谈浮论。只有这样，才能取得良好的讲唱效果。

花名宝卷

花名宝卷初展开，诸佛菩萨降临来，
善男信女知音听，福寿善良得孝欢。

茶花开来早逢春，媳妇贤良敬大人，
保佑公婆年百岁，门前大树好遮阴。

你若不把公婆敬，生男育女是虚文，
孝顺公婆为第一，自己也要做婆身。

在家买些公婆吃，何用南海去济僧，
一心只管行孝道，皇天不负孝心人。

杏花开来是春分，孝顺男女敬双亲，
孝顺还生孝顺子，忤逆还生忤逆儿。

不信但看檐前水，点点滴滴不差分，
在生买些爹娘吃，灵前供奉是虚文。

爹娘就是灵山佛，何需灵山见世尊，
爹娘养我千般苦，不尊爹娘尊何人。

桃花开来是清明，夫妻恩爱两相亲，
丈夫不可嫌妻丑，妻子不可怨夫贫。

妻子丑陋前生定，夫家贫苦命生定，
命好不到贫家去，命苦难进富豪门。

姻缘本是前生定，五百年前结成姻，
千里迢迢能相会，夫妻恩义似海深。

蔷薇花开立夏根，兄弟和睦过光阴，

271

兄若从容照顾弟，弟亦从容敬兄身。

兄弟相争看娘面，千朵桃花一树生，

家中自有亲兄弟，何用外面结拜人。

三兄四弟一条心，门前泥土变黄金，

三兄四弟各条心，家中黄金化灰尘。

石榴花开是端阳，姑嫂做事要商量，

嫂嫂有事姑娘做，姑娘有事嫂当场。

姑娘仁义敬重嫂，贤良嫂嫂敬姑娘，

尊敬须看公婆面，姑娘不要太做强。

在家不靠爹娘势，姑嫂相逢喜欢畅，

姑娘本是堂前客，嫂嫂待姑要贤良。

荷花开来伏中心，邻舍和睦过光阴，

若有小儿相争闹，各叫儿女转家门。

不可人前将儿打，宠容儿女骂四邻，

大人相争难得好，小人事后常同行。

日日开门要相见，邻舍和睦胜至亲，

远亲不如近邻好，急难之中靠四邻。

凤仙花开是初秋，劝君做事要当心，

五更鸡鸣清晨起，三日起早一工成。

起早做事做到晚，免得自己去求人，

求人只可一两次，三次求人不相应。

别人求你三春雨，我求别人六月霜，

三春狂雨时常有，六月浓霜何处寻。

桂花开来是秋景，富人不可笑穷人，

穷的哪有穷到底，富的哪有富万春。

世上多少贫了富，也有多少富了贫，

十年财主轮流转，富贵贫贱世间轮。

斗大红灯难照后，但看结果和收成，
满碗粥饭虽好吃，说话之中留三分。
菊花开来是重阳，人到中年想子孙，
有钱无子非为贵，有子无钱不算贫。
穷苦自有翻身日，有钱无子是虚文，
三十无子平常过，四十无子冷清清。
五十无子无人敬，六十无子断六亲，
老来无子真是苦，更比黄连苦十分。
芙蓉花开是立冬，劝君行善莫行凶，
十分英雄用七分，留下三分与子孙。
十分势道都用尽，下代儿女难做人，
班房牢狱恶人坐，哪有善人进牢门，
家中吃苦不是苦，牢狱之中真叫苦。
宁可高山望牢狱，不可牢狱望高山。
荔枝花开是仲冬，恶人休把善人欺，
恶人人怕天不怕，人善人欺天不欺。
善恶到头终有报，只看来早与来迟，
仙桥上面善人行，地狱凄凉治恶人。
阳间善恶由你做，阎王殿上不差分，
劝君及早要修行，免受三关地狱门。
腊梅花开冷清清，劝君念佛早修行，
修行念佛无老少，无常不管老少人。
虽有钱财难买命，阎王殿上不容情，
阎王出了勾魂票，不要你钱只要命。
命中注定三更死，断不留人到五更，
天大家财拿不去，一双空手见阎君。
花名宝卷说完成，奉劝诸君早回心，

若能敬信花名卷，胜造浮屠塔七层，
但行忠孝并斋戒，增福延寿保太平。

讲唱者：胡有昌，原运河镇五杭村农民；韩美仙，女，运河街道唐公村村民。

孟姜女宝卷

自古传下一奇文，　　流芳百世有美名，

徽宁地带我不表，　　也勿唱丹、凰、淮、扬城，

单唱松江华亭县，　　松江府城出西门，

当地有个孟隆德，　　华亭县内有名声，

孟家家资巨万富，　　只有二老过光阴。

孟家住的东墙屋，　　墙西原是姜姓人，

两家为人都厚道，　　世代和睦好友邻。

有一年孟家书童种株南瓜秧，枝藤蔓延到隔家门，

结起一个大南瓜，　　姜家不采也不摘，

心想不是自家瓜，　　原是孟家地上藤。

两家都没去采摘，　　南瓜大得木兴兴，

光阴似梭过得快，　　十月廿九入冬令，

瓜过冬令福星照，　　福星高照瓜受精，

路人突然叹奇怪，　　瓜中蹦出一小娘身。

报知隆德孟员外，　　员外听了不相信，

急忙前去看究竟，　　见了孩子固然真，

即把孩子抱回家，　　小女实在是聪敏，

能说会道貌非凡，　　隆德合家都高兴，

姜家老人也知晓，　　岂能无声不相认，

天赐姑娘世罕少，　　况在我家地上生，

姜老来到孟家门，　　隆德据理讲灵清，

姜公也是老实人，只得从实说原因，
隆德为人亚忠实，就说两家都有份，
从此两家共抚养，孟姜老汉喜自心，
满月堂前来取名，孟姜两姓作女名。
不到三梅四时更，姜家两老辞世行，
姜家已经断命根，孟家独养贵千金。
姿色天仙绝伦女，人人见了赞万分，
一周两岁乳娘抱，三周四岁离娘身，
五周六岁学针线，请个绣娘绣花名，
孟姜女长到方九岁，挑花捺绣全学成，
远远近近嘈嘈说，好个伶俐女千金，
孟姜女长到十五六，爹娘说与女儿听，
万贯家财终无靠，招个女婿传后根，
女儿回答爹娘道：爹娘听我说原因，
孩子年龄尚且小，奉劝爹娘再稍停，
如今正守闺房门，情愿陪伴两双亲。
勿唱华亭孟家女，要唱苏州万姓人，
姑苏有个万员外，只有一子膝前存，
三朝堂前来取名，喜良二字到终生，
两个娘娘来服侍，梅香常抱勿脱身，
喜良长到五六岁，请来先生教书人，
纸墨笔砚爹爹买，四季衣衫娘用心，
年纪长到七八岁，读书写字显本领，
光阴似箭日脚快，喜良转眼已成人，
相貌堂堂无伦比，俨如下凡一天神。
勿唱苏州万喜良，要唱京都万岁君，
只因外患常作乱，国界要造万里城，

万里长城工程大，要丧百姓一万人，

若无神仙来帮忙，长城还是难造成，

西头造好东头塌，东头造好西塌顶，

天机失露鬼怪知，变化凡人通音信，

说是苏州万喜良，一人可抵一万人，

要是把他造底脚，万里长城定安宁。

君皇闻奏龙颜开，皇榜发到苏州城，

六门三关都贴满，要捉喜良到长城，

各府各县齐挂到，皇榜前面人头密层层。

各乡各镇人知晓，天下百姓人皆闻，

有人若藏万喜良，立斩之罪决非轻，

九族亲邻都株连，还要斩草再除根，

有人报说他踪影，重重赏赐雪花银，

有人捉到万喜良，封官加爵沐皇恩。

万员外听得皇榜讯，两行热泪满衣襟，

只怪昏君无道理，捉我孩儿丧他命，

我家只有喜良儿，万家香火靠何人，

员外哭到伤心时，几次死去又还魂，

冷静再三来思忖，打发儿子去逃生，

吩咐喜良快沐浴，更换衣衫出门庭，

祭天祭地祭神明，再求祖宗保子孙，

祈祷完毕天色暗，严命喜良就动身，

喜良公子哀哀哭，只得辞别两双亲，

要是恶时恶日来躲过，定来孝顺两老人。

喜良走出万家门，热泪双抛痛在心，

十月怀胎枉养育，三年哺乳空费神，

一路走来一路哭，喜良离家到阊门，

阊门相近金口闸，来来往往无数人，

无心赏景看街坊，三天就到松江城，

抬头看见一墙围，旁边开着两扇门，

未知谁家一花园，近前一看才分明，

喜良心里正思忖，跳进花园暂藏身。

勿唱喜良一夜景，再唱孟姜小姐一段情，

五更五点天已明，孟姜女妆台梳洗多洁净，

用过早膳绣花名，一双花鞋绣完成，

轻移细步下楼去，看看红日将西沉，

十指尖尖手拿扇，来到花园小凉亭，

园中花木多清雅，当空明月如宝镜，

青松翠柏好茂密，梧桐棕榈更茂盛，

满园花草绿茵茵，荷花池中映玉影，

小姐兀坐池亭上，多少景色难说尽。

一阵狂风平地起，宝扇吹落在水中心，

连忙呼唤小梅香，高叫几声无人应，

只得自己下池塘，捋起衣衫玉臂伸，

脱下衣衫挂枝头，孟姜女下池抓扇柄，

荷花池水真清凉，抬头一看心好惊，

只见有人树上坐，恭请小姐心莫惊，

小姐即便穿衣裳，自陈是个落难人。

昨夜进入花园内，今晨池塘见玉影，

孟姜女当即开言问，你家住何地何方人，

哪府哪县哪乡村，快快对我说分明，

喜良随即来说道，我是苏州府里生，

家住苏州元和县，阊门里面属万姓，

爹爹人称万员外，喜良就是小人名，

只为昏君无道理，要捉我身造长城，

我造进长城难活命，万家就要断后根，

爹娘打发我逃走，昨天到达松江城，

只因前面已无路，私自跳墙进园门，

梧桐树下来行走，棕榈树旁暂存身，

借宿园中稍休息，明日绝早就往外行，

还请小姐行方便，躲过难星再报恩。

孟姜女听说开言道，就将心思表分明：

我自幼立下山盟海誓志，见我白肉即夫君，

如今公子已窥见，姜心情愿随万姓，

喜良问过小姐名，推辞切莫跟我落难人，

孟姜女要万喜良，同到厅堂再理论，

二人来到厅堂上，详情说与父母听，

小姐细言又细语，隆德一听笑吟吟，

我家单存掌上珠，招你为婿结成亲，

今后家财交与你，将来可以靠终身，

喜良坚辞难从命，只怕连累贵府门，

隆德劝慰喜良道，公子听我说原因，

你住我家深闺门，外人哪会得知情，

望你不必再推托，老夫自有计策生。

当即吩咐备新房，喜良内心谢恩人。

家中大小都忙碌，挂灯结彩闹盈盈，

祝愿小姐定良缘，端正花烛贺新人。

自古好事多磨难，外面顷刻来官兵，

团团围住孟公家，要捉喜良公子身，

各处寻找皆不见，柴房暗角见"犯人"，

麻绳捆得像米粽，铁链加锁锁得紧，

上身穿起琵琶巾，下身镣铐加脚跟，

捆绑喜良到厅堂，隆德老泪淌在心，

喜良哭泣对员外道：岳父大人听原因，

我到长城身必死，要给小姐另招亲，

又向小姐哀求说：不必将我挂在心。

孟姜女哭对喜良道：公子听我说原因，

好马不吃回头草，好女不嫁二夫君，

虽未与你成凤龙，已定婚姻难换心，

我是终身不改嫁，夫君日后见我行。

小姐挽住公子手，喜良再次吐真心：

王孙公子多多少，何必牵挂落难人。

夫妻相对苦别离，钦差催逼不留情，

喜良忍痛出门庭，人人看得泪淋淋，

万喜良被捆绑到船舱里，船去一路无踪影。

小姐只得转家门，哭得死去又还魂。

喜良解押去长城，日夜兼程快得很，

路途遥远身带病，到后三天就命归阴。

喜良死讯传得快，家人孟兴最知情，

不敢真情告小姐，只说公子身有病，

有病之人难劳役，孟姜女哭昏又再醒，

堂上禀告爹娘知，要送寒衣去长城，

翁婿情分难抛弃，派遣孟兴北国行。

家人动身离华亭，路经苏州骨也轻，

心知公子已亡故，何必受苦做呆人，

走进娼门去住宿，将衣变卖成雪花银，

孟兴逗留苏州城，用完银子回华亭，

假报寒衣已送到，欺骗小姐女钗裙。

孟姜女当夜就得梦，原是喜良的亡灵，

寒衣送到苏州府，变卖成银宿娼门，

小姐哭告爹和娘，员外发怒责孟兴，

忙叫孟兴来堂前，家人早就无踪影。

孟姜女面请二双亲，要亲送寒衣到长城，

爹娘听说忙劝阻，难动小姐铁石心，

女子行路多不便，更是闺门女子身，

小姐再三求爹娘，梦见喜良亲夫君，

说是今夜交头七，要设香案祭亡人。

祭桌摆上长羹饭，全家哭声震天庭，

孟姜女每七祭奠万喜良，重做寒衣要远行，

头七到，哭哀哀，小姐贞洁世无伦，

二七到，真悲怜，难见夫君喜良人，

三七到，懒梳妆，黄杨木梳手难拎，

四七到，哭夫君，高声叫郎郎不应，

五七到，扫灵座，纸钱香烛化灰尘，

六七到，和尚来，银锭经卷送郎君，

七七到，寒衣成，手抱寒衣要动身。

拜别爹娘二老人，女儿此去勿挂心，

保重贵体永康健，三餐茶饭要均匀，

但愿托梦是虚情，夫妻双双同回门。

爹娘听说无可奈，嘱咐女儿要小心，

路上孤庙不能住，防备妖魔鬼怪精，

客店寓所稍方便，万万不可宿凉亭，

孟姜女身上穿件白布衫，不带银钱半毫分，

头上首饰都不戴，走出自家大墙门，

既无船只又无轿，脚小伶仃步难行，

手拿一把徽州扇，急急忙忙奔前程。

出了华亭到苏州，阊门早已前面存。

一路行走来得快，过了一城来又一村，

浒墅关门真热闹，到关已经近黄昏，

无奈关门已紧闭，关差要付酒钱银，

有钱放你过关去，无钱怎好把关进。

孟姜女后悔未带银，只得脱下裙子当钱文，

关官查问孟姜女，寒夜过关为何因，

细说一番还不让，吩咐女子唱花名，

为救丈夫只得忍，十二月花名句句情。

正月里来是新春，家家户户点红灯，

别家丈夫团圆聚，我家丈夫造长城。

二月里来暖洋洋，双双燕子来南阳，

燕子飞来成双对，孟姜女独自真凄凉。

三月里来是清明，桃红柳绿百草青，

家家坟上飘白纸，孟姜女家坟上冷清清。

四月里来养蚕忙，姑娘嫂嫂去采桑，

桑篮挂在桑枝上，擦把眼泪采把桑。

五月里来是黄梅，黄梅发水好种田，

家家田中青苗壮，我家田里成草荒。

六月里来热难挡，蚊子飞来叮断肠，

宁可吸奴千口血，莫叮我夫万喜良。

七月里来正秋凉，家家窗前剪衣裳，

青红蓝绿都剪到，孟姜女家里是空箱。

八月里来雁南飞，孤雁足上带信来，

闲人只说闲人话，我为丈夫送衣去。

九月里来是重阳，重阳美酒菊花香，

满满酒来奴不吃，与夫同吃凑成双。

十月里来藏稻场，推砻做米完官粮，

别家有米官粮完，我家无米难抵偿。

十一月里来雪花飞，孟姜女出外送寒衣，

乌鸦前头来领路，见到我夫心欢喜。

十二月里来过年忙，杀猪宰羊闹嚷嚷，

家家都有猪羊杀，孟姜女家里空堂堂。

十二月花名唱完成，关官听得也伤心，

大大发了慈悲心，快快放她过关行，

拿起腰裙还给她，叮嘱路上多小心。

过了关来匆匆走，穿过望亭又一程，

过了无锡奔高桥，七墅堰过是常州城，

孟姜女子到常州，街头喧闹笑盈盈，

都赞姑娘容貌美，走遍天下无凡人，

远望好比天仙女，近看尤似活观音，

孟姜女子无宿处，清凉寺内且安身，

暂且寺内过一夜，明日绝早就动身，

小姐心中真苦痛，眼泪汪汪拜观音。

拜了观音拜护法，护法将来韦驮神，

祝祷神明共保佑，保我长城千里行，

孟姜小姐寻夫君，死多活少实难生，

护法韦驮在暗佑，观音吩咐城隍君，

各府土地要领路，帮助孟姜顺风行。

大士托梦小姐话，七日七夜到长城，

孟姜惊醒来思忖，感谢菩萨来指引，

小姐绝早动身走，一把青丝两边分，

一路行走不停步，晓行夜宿苦伶仃，

来到丹阳镇江地，嚎啕大哭不住声，

金山大王闻知晓，领她山高水阔路一程，

韦驮护法法术大，送过黄河江海境，

城隍、土地齐遵命，暗佑孟姜路上行，

水陆相送行得快，七日七夜到长城。

孟姜女身到长城地，谢天谢地谢神明，

六角亭上心痛绝，双眼抛泪落纷纷，

三声高哭天阴暗，三声低吟地也昏。

猛见长城塌一角，露出丈夫尸骨身，

喜良阴魂即显示，孟姜飞魄又还魂，

衣衫搭在尸骨上，十指尖尖把骨认，

血滴骨上见真假，鲜血凝聚是夫身，

哭得伤心城头动，塌落城墙士卒惊，

士卒听得动情感，报告城官得知闻，

小姐哭骂昏君主，筑城岂须葬夫君，

巡城御史忙奏本，秦王闻奏怒气生，

骂君之罪罪非小，抓到金殿见分明。

孟姜跪在尘埃地，桩桩件件诉说清，

喜良是我亲夫主，不该捉他造长城，

捉他造城事尚可，屈死我夫不该应，

千辛万苦来寻夫，舍身拼命到长城。

君主闻声低头看，孟姜美貌动龙心，

传旨小姐改婚配，命她进宫做夫人。

孟姜听后生巧计，要他依从三件事，

建造长坟在长城，长阔十里是坟墩，

万岁要穿麻衣孝，亲到长城祭夫君，

奴家自临长坟吊，回宫再来谢皇恩。

秦王闻说都依顺，传旨百官到长城，

城官接旨齐忙碌，筹备祭奠冤屈人，

御驾亲发长城去，文武百官随驾临，

长城上面造长坟，建筑手艺十分精。

百官排列在两边，满朝文武顶礼敬，

君不拜臣从古说，替皇拈香祭亡魂，

三杯御酒洒坟前，飞沙走石天地昏。

秦王回身叫孟姜，小姐号啕骂昏君，

纵身跳落长城下，保留一生洁白身。

万岁见情怒火起，要把孟姜尸骨分，

命将尸体抬上来，铁丝扫帚刷肉筋，

肉酱丢入城河里，突然满河出鱼群，

条条鲐鱼眼睛亮，原是孟姜怒目灵。

孟姜女子贞节事，传到皇后耳边听，

严陈君主无天理，不该污辱民女心。

秦王闻说龙颜怒，下旨娘娘出正宫，

不念夫妻结发情，要在法场斩亲人。

太后闻说忙传旨，法场刀下才留情，

赦免皇后还宫去，再封孟姜喜良贞烈身，

孟姜封为天仙女，喜良封为大王忠烈神，

责骂皇儿太昏庸，江山如此岂安宁，

秦王一气得了病，过了不久命归阴，

孟姜女传传千载，如今才算唱完成。

讲唱者：胡有昌，原运河镇五杭村农民；韩美仙，女，运河街道唐公村村民。

蚕花娘娘宝卷

马鸣王菩萨下凡来，身骑白马坐莲台，

亲送蚕花到府上，家家户户得丰年。

菩萨原是凡间人，出身义乌小桃山，

爹爹封王为千岁，娘亲诰命受皇恩。

刘氏夫人生三女，天姿国色貌非凡，

大姐招文二招武，唯有奴三姑不嫁夫。

三姑年方二八上，父亲敌营遭擒掳，

姑娘马前去下咒，救我父亲即我夫，

马儿长鸣进敌营，背出刘爷自主人，

三姑如约配马儿，人畜怎能成婚姻。

十二月十二凌晨间，三姑自缢在桑园，

尸骨葬在桑园内，一身白肉化蚕身，

皇上得信提御笔："马鸣王菩萨"为蚕神。

府上年年养龙蚕，年年蚕花廿四分，

十二月十二蚕生日，家家祭拜蚕娘来，

粉磨汤团像蚕子，一对元宝角朝天。

十二月廿三夜，灶君菩萨受香烟，

流星火炮送上天，除夕吃酒迎新年，

红灯高挂堂前洁，合家大小忙又欢，

养蚕人家请三姑，要请三姑养龙蚕，

有的人家漾蚕种，还有人家石灰淹。

正月已过二月天，三月清明在眼前，
有的要到三天竺，有的人家上超山，
要得百样化蚕种，还有人家踏路田。
桃花开来红似火，杏花开得白如银，
菜籽花开如黄金，蚕豆花开黑良心。
二月已过三月天，三月里来艳阳天，
早桑叶儿烧饼大，晚桑叶儿像金钱，
养蚕娘娘转家院，蚕种育得更新鲜。
火桑交到月半边，窝种那有介稀罕，
说起我来未曾误，前月包好在新床边，
蚕种窝了三四夜，打开蚕种绿艳艳，
即刻去买桃花纸，灯芯鹅毛买万千。
蚕房搭起高厅上，桃花纸画糊窗面，
东面糊的聚宝盆，西边糊的是摇钱，
叶贵年景头先出，叶贱年景尾向前，
头尾今年一同出，胎出乌儿万万千，
左手拿起桃花纸，右手鹅毛掸龙蚕，
榻下龙蚕真好看，采叶郎君像神仙，
养蚕娘娘肚奇饿，吃了鱼汤和肉圆。
看蚕娘子顶认真，百样事情都要改，
青姜改做腊头子，茄子改做落苏筷，
粪笋改做粉一团，扫帚改做落地光，
犬儿改做办念子，猫儿改做官家郎，
老鼠改做夜明子，见了百脚叫蜈蚣，
小小花蛇叫秤梗，肉儿改做天堂地，
豆腐改做马白肉，虫虾儿改做倒宿娘，
鸡儿改做太子样，口头言语改不尽，

只有一样今不改，见了婆婆叫娘娘。

菜籽杀叶蚕出窝，三日三夜是头眠，

头眠眠得齐落落，二眠眠得落落齐，

刺头花开眠出头，莲树花开作大眠，

上年捉了丙丁子，今年八斤有余哉，

合家老幼齐忙碌，大小纷纷捉龙蚕，

三岁孩儿心欢喜，采叶郎君乐万分，

三双四个在前走，七、八、九个随后行，

左肩挑来右肩挑，担担挑到蚕房存，

手拿挑头抽三抽，两盏叶灯照得明，

龙蚕吃叶朝风响，小脚通体有毫光，

塘南买了毛头草，上柏山里买乌炭，

洲泉马鸣买罗联，郎娘口中吐丝绵。

年老公公蔟山头，幼小官官掇蚕匾，

前檐上了山玉种，山头山是石灰蚕，

三眠子蚕无处上，上到侧堂过路边，

远看好像琉璃样，近看犹如腊梅堆，

三日三夜忙碌碌，合家大小都团圆，

早上下到黄昏后，千钧万两采不完，

当家主公心欢喜，廿四分收成有余年，

当家主公飞起脚，拿了铜钿径上店，

当家娘娘有打算，绵线头圆子做一盘，

五更鸡鸣声声叫，今天要请王林贵，

家家吃了蚕花酒，火蚕金钱送上天。

只恐超日蛾头转，家主公想要做丝绵，

东边唤了张大嫂，西边唤个王家妹，

三十六薄两大双，当中出路送茶汤，

锡子快去忙张样，　七八个茧子团团转，
做丝好像丝来子，　手执茧子脚多踩。
东边好像鹦鹉叫，　西边好像凤凰啭，
唯有今年家家好，　两人常常脚不完，
两个姑娘比手段，　车车纺下廿四旋，
粗丝要做千来把，　细丝要做万万千，
粗丝兑给南京客，　细丝房东客人兑，
闻得府上高红锦，　客人坐到大厅前，
买丝客人错了眼，　粗丝要付细丝钱，
三十栲栲两划船，　细丝要倒金万千。
当家主公买好银，　用到明年黄花开，
零散银子等兑用，　等兑银子落窑潭，
斩了头蚕斩二蚕，　斩了二蚕又种田，
九五四六买田地，　细碎纹银去交官，
一来要买田边地，　二来要买地边田，
东面买到海滩上，　西面买到杨坟前，
南面买到超山脚，　北面买到太湖边。
田边地来地边田，　三春二月掘笋鲜，
秋九八月骄阳高，　田地干旱叫皇天，
有朝一日风和雨，　肥水落进自家田，
高田收了三石六，　低田收到六石三，
排的甘蔗长六尺，　种的西瓜叶薄面。
有钱开始造家园，　造起九厅十六椽，
鲁班先师做得巧，　造起牌楼立前面，
朝南房子风水大，　斗大元宝滚进来。
仲冬腊月收租来，　来往船只真当便，
门前分开三叉路，　条条路上有黄金。

289

　　高来留子万来下，银子日夜都滚进，

　　矮脚鸡娘勤生蛋，小鸡飞起抓鹞鹰，

　　当年花子十来斤，鲤鱼一跳变乌青，

　　养着毛猪三千斤，日后原有大洋钱，

　　大行道来叫行道，脚踏砻糠步步深，

　　天字上面头先出，夫妻和睦永团圆，

　　口字肚里加十字，府上年年种好田，

　　天字下面加条虫，家家户户养龙蚕，

　　禹字上面加二点，子子孙孙万万年，

　　马鸣王菩萨亲来到，府上年年蚕花廿四分。

　　讲唱者：宋彩堂，原博陆乡新圩村农民；胡有昌，原运河镇五杭村农民；韩美仙，女，运河街道唐公村村民。

后 记

2019 年，运河街道组织编写《运河街道志》和《运河街道历史文化》丛书。承蒙信任，我们除担任《运河街道志》的副主编外，还承担了《运河街道民间文学集成》一书的写作任务。

接受任务后，我们深感责任重大。为此，不敢有丝毫懈怠。前期工作主要是收集相关资料。20 世纪 80 年代中期，境内曾开展过民间文学普查，留下亭趾、博陆、五杭三个乡镇的普查文字记录稿，这些稿子为手写和铅字打印稿。时光流逝，35 年后的今天，当我们拂去岁月的灰尘，打开这些纸张已经泛黄、铅字已经模糊的稿子时，内心非常震撼。一是为境内蕴藏这么丰富的民间传说、故事和歌谣而震撼。二是当年三个乡镇文化站工作人员不辞辛劳，走村串户，寻访民间歌手，一字一句认真记录，这些稿子凝聚了他们的汗水和心血。我们为他们不计名利、甘于奉献的精神所感动。正是他们留下的这些宝贵资料，才使得丰富而又宝贵的文化遗产得以保存下来，从而也增强了我们编著好这部书的信心。我们在对这些资料进行整理的同时还到余杭区图书馆文献资料室和余杭档案馆查找有关资料，走访尚健在的讲唱者，力求出版一本质量上乘的民间文学集成。

经过两年多时间的不懈努力，今天这本民间文学集成终于正式出版，共收入民间传说 38 篇，民间故事 69 篇，民间歌谣 67 首，宝卷 3 篇，这也算是完成了一代人的共同心愿。编著与出版这部作品的最大意义在于用文字留下了一代人历史记忆，也为后人研究 20 世纪中叶运河风土人情、民间文学留下了珍贵的史料，为此，我们感到十分欣慰。在编写过程中，得到了运河街道领导和有关部门以及各界人士的关心和大力支持，在此谨向他们表示衷心感谢。我们虽已倾情竭力，但是难免还有疏漏和不当之处，恳请各位批评指正，如果今后再版，一定予以订正、补充和完善。

2022 年 1 月 15 日